Dr. Angela Fetzner

Die Rauhnächte -
Die Zeit zwischen den Jahren und Welten

Dr. Angela Fetzner

Die Rauhnächte -
Die Zeit zwischen den Jahren und Welten

Bibliografische Information
der Deutschen Nationalbibliothek
Die Deutsche Nationalbibliothek verzeichnet diese Publikation
in der Deutschen National-
bibliografie; detaillierte bibliografische Daten sind im Internet
über http://dnb.dnb.de abrufbar.

2. Auflage 2021

Druck: BoD GmbH - In de Tarpen 42 - 22848 Norderstedt

Herausgeber & Vertrieb: Libri ad vitam - Gartenstr. 10 - 56462 Höhn

Covergestaltung: ZERO Werbeagentur, München
unter Verwendung von Motiven
von shutterstock.com

Cover-Foto: © balaikin
depositphotos.com

Buchsatz: Michael Raab

ISBN 978-3-98668-000-8

Inhaltsverzeichnis

Prolog 8

Die Nacht des Jahres 12

Die Zeit des Raunens 18

Herkunft und Bedeutung des Namens Rauhnächte 24

Die Zeit zwischen den Jahren - Tiefste Dunkelheit und Geburt des Lichts 25

MythMythologische und kulturelle Aspekte zur Lichtgeburt 28

Das fruchtbare Potenzial der Dunkelheit 35

Ursprung und Bedeutung der Rauhnächte 41

Kalendarische Abweichungen: Wintersonnenwende, Weihnachten und Nikolaus 46

Die weibliche Gottheit - Die dunkle Seite des Lebens 52

Das Rad des Jahres 55

Die Grenze zur Anderswelt wird dünner 58

Die Geister toben durch die Lüfte 61

Offene Tore auch für Dämonen 64

Orakeln, Deuten und Transformieren 66

Eine magische Zeit des Übergangs 67

Reinigung und Befreiung 69

Die Nacht der Wunder 70

In der Ruhe liegt die Kraft 76

Die Rauhnächte als Quell von Mythen, Legenden und Märchen 78

Die Wilde Jagd 80

Hel - Schutzpatronin und Seelenführerin 86

Perchta - Dämonin oder jungfräuliche Schönheit? 87

Wolfsnächte 92

Naturgeister und Naturerscheinungen 94

Orakel, Wahrsagungen und sprechende Tiere 98

Mythen um sprechende Tiere 99

Deutungsarten der Rauhnächte 101

Weitere Wahrsage- und Orakelpraktiken 102

Rituale und alte Bräuche der Rauhnächte **105**
Bräuche im Volksglauben 107
Zeit für die Seele - Altes loslassen, sich Neuem öffnen **111**
Die Bedeutung der Rauhnächte für die seelische Entwicklung 114
Rituale und Räucherungen **118**
Räucherungen entfalten sich feinstofflich 119
Impressionen zu den Rauhnächten 123
Literatur (Auswahl) 128
Zur Autorin **130**
Ein herzliches Dankeschön **131**
Bücher von Dr. Angela Fetzner 131
Leseprobe: Schamanische Reisen zum Krafttier 132

„Es gibt: ein Bleiben im Gehen, ein Gewinnen im Verlieren, im Ende einen Neuanfang“

(Japanisches Sprichwort)

Prolog

Die Rauhnächte, die Tage zwischen Weihnachten und dem Dreikönigstag, gelten von jeher als die geheimnisvollste Zeit des Jahres: mystisch, geheimnisvoll und sagenumwoben kommen die Tage daher.

Die magische Zeit gilt auch als Schwellenzeit, in der die Grenze zur Anderswelt dünner wird: Die Schranken zwischen Diesseits und Jenseits, zwischen Licht und Dunkelheit, guten und bösen Kräften, Neuem und Altem, verschwimmen und fließen ineinander.

Zahllose Sagen, Mythen und Bräuche ranken sich seit vielen Jahrhunderten rund um die Rauhnächte. In dieser dunkelsten Zeit des Jahres, in der die Nächte lang und kalt waren, und Schneetreiben und tosende Winterstürme über das Land fegten, machten Geschichten von Geistern, Dämonen und toten Seelen die Runde. Kaum ein Mensch wagte es, nach Einbruch der Dämmerung das Haus noch zu verlassen, um nicht den finsteren Gestalten, welche um die Höfe streiften, zu begegnen.
Türen und Fenster der Häuser wurden geschlossen, auf den Höfen wurden Feuer entzündet, deren heller Schein Dämonen fernhalten sollte. Runen am Haus und an den Ställen sollten Mensch und Tier Schutz bieten. Auch das Ausräuchern von Häusern und Ställen war eine gängige Praktik.

Durch diese Rituale sollten die Geister milde gestimmt werden, um ihrem Treiben nicht hilflos ausgeliefert zu sein. Die Menschen versuchten, sich zu schützen, aber gleichermaßen die Gelegenheit zu nutzen, etwas über ihr Schicksal im kommenden Jahr zu erfahren und dieses günstig zu beeinflussen.

Bis heute haben die Traditionen der Rauhnächte überlebt

Die einzelnen Rauhnächte haben eine spezifische Bedeutung, die von großem Nutzen für unsere seelische Entwicklung im kommenden Jahr sein kann.
So finden wir spezielle Rituale etwa mit dem Vertreiben von Dämonen mit unheimlichen Masken und dem Ausräuchern von Haus und Hof mit duftendem Räucherwerk.

Der Mensch erlebt auch heutzutage die Besonderheit und die Magie dieser Zwischenzeit

Wie sich das Leben in der Natur zurückzieht, ziehen sich auch viele Menschen in dieser Zeit zurück - in die eigenen vier Wände und in sich selbst. Zahlreiche Menschen nutzen die Rauhnächte als Zeit zur innerlichen Einkehr und Besinnung.

Es ist darüber hinaus auch an der Zeit, auf das alte Jahr zurückzublicken

Die Zeit zwischen den Jahren ist eine Zeit des Abschieds, des Wandels, des Aufbruchs und der Erneuerung.

Altes und Belastendes wird losgelassen, um Raum für Neues zu schaffen. Die Regeneration und Erneuerung in der Natur sind eine Chance für den Menschen, sich dieser Erneuerung im Einklang mit dem Rhythmus des Lebens anzuschließen. Alles entsteht neu aus der Dunkelheit, die eine zerstörerische, aber auch schaffende Kraft besitzt.

Es liegt am Menschen, sich der Dunkelheit zu öffnen, und zu erspüren, welches fruchtbare Potenzial die Dunkelheit hat, aus der neues Licht und Leben geboren wird
Lassen Sie Ihren Gedanken und Gefühlen freien Lauf, besinnen Sie sich auf Ihre innersten Wünsche und Bedürfnisse. Gehen Sie raus in die Natur, lauschen Sie dem Wind und achten Sie darauf, was Sie wahrnehmen und empfinden.

Die Bedeutung der einzelnen Rauhnächte für die seelische Entwicklung

Jede der einzelnen Rauhnächte hat eine besondere Bedeutung für unsere seelische Entwicklung. - Während Praktiken wie das Meditieren und Räuchern gepflegt werden, können wir uns und unserer Seele wieder näherkommen.

Es ist zugleich die Chance, Körper, Seele und Geist in Einklang zu bringen sowie für eine äußere und innere Reinigung zu sorgen.

Schaffen Sie ein Ambiente, das Ihnen guttut

Nutzen Sie Kerzen, Düfte, Räucherungen, Musik und andere Entspannungstechniken. Hören Sie auf Ihre Intuition, besinnen Sie sich darauf, was Ihnen wichtig ist. Es steht Ihnen frei, sich in den Rauhnächten verstärkt den Naturkräften zu widmen oder sich in den eigenen vier Wänden auf sich selbst zu besinnen. Finden Sie heraus, was Ihnen guttut und Ihren Bedürfnissen entspricht.

Ein mystisches Buch für eine mystische Zeit

Die Weise, wie wir die Rauhnächte verbringen, soll nach alter Tradition das nächste Jahr bestimmen.

In diesem Buch finden Sie zahlreiche Anregungen und Tipps für die Gestaltung Ihrer persönlichen Rauhnächte.

Herzlichst Ihre Apothekerin Dr. Angela Fetzner

Die Nacht des Jahres

Ein Jahr neigt sich dem Ende, das neue ist nicht mehr fern. Die Sonne erreicht zur Wintersonnenwende ihren tiefsten Stand, die Tage sind kurz und die Nächte lang. Dunkelheit und Kälte dominieren. Das Leben in der Natur hat sich zurückgezogen und harrt aus, bis die Tage wieder länger werden, Licht und Wärme zunehmen und neues, pulsierendes Leben erwachen kann.

Es ist die Zeit zwischen den Jahren, eine Zeit der Besinnlichkeit. Das Weihnachtsfest steht an, die Geburt Christi wird gefeiert und die Menschen beschenken sich gegenseitig. Wenige Tage später folgt Silvester, um mit einem Lichtspektakel das alte Jahr zu verabschieden und das neue zu begrüßen. Mit Wachsgießen und anderen Orakeln wird in die Zukunft geschaut, was das neue Jahr bereithält. Die Heiligen Drei Könige am 6. Januar beenden diesen Jahresabschnitt formell.

Die heutigen Feierlichkeiten in der Zeit zwischen den Jahren sind christlich geprägt: Weihnachten ist das Fest zu Ehren Jesus, des Erlösers. In älteren Kulturen wurde dagegen zum 25. Dezember die Geburt des Sonnengottes gefeiert - oder dessen Wiederkehr aus der Unterwelt. Auch der Sonnengott ist als ein Erlöser zu verstehen, da die Licht und Wärme spendende Sonne wieder zunehmend an Kraft gewinnt und damit die Zeit des winterlichen Ausharrens endet: Sobald die Tage wärmer wurden, konnten die Felder wieder bewirtschaftet werden, die Tiere paarten sich und zeugten neues Leben, was den Menschen die Nahrung sicherte.

Wintersonnenwende

Über den Sommer hinweg konnte neues Feuerholz gesammelt und Kleidung aus Fellen, Leder oder Wolle gefertigt werden, um der Kälte des nächsten Winters zu trotzen. Bis zum folgenden Winter war Zeit, Vorräte anzulegen, um wiederum das Überleben in der dunklen Zeit des Jahres zu sichern.

Symbolisch drückten dies einige Kulturen im Jahresrad aus, welches sich fortlaufend dreht, den Gesetzen der Natur und des Universums folgend. Es ist die Sonne, die sich saisonal durch das Jahresrad bewegt, vom Erwachen des Lebens im Frühjahr, durch die Blüte des Lebens im Sommer bis zur Ernte der Früchte des Lebens im Herbst, um sich schließlich im Winter erneut weitgehend zurückzuziehen. Dies spiegelt sich im modernen Kalender, der Sommersonnenwende inmitten des Jahres und der Wintersonnenwende zum Jahresende hin. Alljährlich vollzieht sich derselbe Zyklus der zunehmenden und nachlassenden Kraft der Sonne, den langen, hellen Tagen und kurzen Nächten im Sommer sowie den kürzeren Phasen der Helligkeit und langen Stunden der Dunkelheit im Winter.

Frühere Kulturen hatten allerdings eine andere Zeitrechnung, die durch die Mondphasen bestimmt wurde. Das Mondjahr ist jedoch mit einer Differenz von zwölf Tagen kürzer als das Sonnenjahr. Zudem wurde zwar die Mondgöttin verehrt, der Sonnengott war aber ebenfalls kein Unbekannter und unabhängig vom Stellenwert der Götter war es auch in alten Zeiten die Sonne, die den Rhythmus des Lebens entscheidend prägte.

Jahresrad als Gemälde im Museum of witchcraft
Boscastle (Cornwall UK)

JULY
AUGUST
SUMMER SOLSTICE
LAMMAS
AUTUMNAL EQUINOX
SAMHAIN
YULE
IMBOLC
VERNAL EQUINOX
BELTANE

Ihr Licht und ihre Wärme bringt die Natur ab der Wintersonnenwende zum Erwachen, während sie sich ab der Sommersonnenwende langsam wieder zurückzieht.

In frühen heidnischen Traditionen gab es daher durchaus auch Feierlichkeiten zu Ehren der Sonne als lebensspendende Gottheit. Die Verehrung des Mondes bezog sich auf das Empfangen dieses lebensspendenden Samens, des Lichts und der Wärme, ganz so, wie es auch den Menschen ergeht. Der Mond wird von der Sonne angestrahlt, empfängt ihr Licht, und reflektiert es. Im zyklischen Umlauf um die Erde ist stets so viel vom Mond zu sehen, wie er im aktuellen Strahlungswinkel reflektieren kann. Der Mond als Trabant und Begleiter empfängt und spiegelt das Sonnenlicht, was von der Erde aus ersichtlich ist. Er nimmt zu und ab, ganz so, wie auch das Licht und die Wärme der Sonne auf der Erde und im Leben der Menschen.

Analog empfängt also die Erde das Licht der Sonne, den Menschen am Tag sichtbar, in der Nacht dagegen zeugt nur der Mond am Himmel von der Existenz der Sonne. Der Mond zeigt das, was der Mensch auf Erden erlebt. Er ist Sinnbild für das Erleben, das Empfinden, das Seelenleben und die empfangende Weiblichkeit, die das Leben gebiert, welches durch die Kraft, den Samen der Sonne, befruchtet wird. Ebenso verhält es sich mit der Natur auf Erden: Sie bringt das Leben hervor, eigentlicher Lebensspender ist aber die Sonne.

Als Kinder der Erde verehrten die Menschen folglich die Mondgöttin als weiblichen Part. Ohne sie ist auf Erden kein Leben möglich. Die Sonne, der Sonnengott, liefert den lebensspendenden Samen, aber das Leben selbst wird durch die Göttin hervorgebracht, nachdem es in ihr gereift ist.

Neben den Festlichkeiten zu Ehren der Sonne richtete sich daher das Leben nach dem Mond. Der Neumond zeigt immer wieder aufs Neue, wie das Licht vergeht und neu erscheint - ebenso, wie es sich im Jahresverlauf verhält. Die Wintersonnenwende entspricht dem Neumond, das Frühjahr dem zunehmenden Mond, die Sommersonnenwende dem Vollmond und der Herbst schließlich dem abnehmenden Mond, bevor das Licht und das Leben erneut wieder geboren werden.

Die Zeit des Raunens

Was hat dieser Ausflug zum Lauf der Gestirne nun mit den Rauhnächten zu tun und was sind diese eigentlich genau – so werden Sie vielleicht fragen. Die Rauhnächte sind die Tage zwischen den Jahren, jene Tage, die das Mondjahr vom Sonnenjahr unterscheiden. Sie sind die Phase des Verborgenen, in der sich das Leben der Natur völlig zurückgezogen hat, alles scheinbar stillsteht. Es ist die Zeit des Jahres, in der die tiefste Finsternis erreicht wird, um sich anschließend wieder dem Licht entgegenzubewegen: Die Sonne stirbt und erwacht zu neuem Leben. Die Rauhnächte sind die Zeit, in der sich der Sonnengott in der Unterwelt befindet, sie sind die Zeit seines Todesschlafes. Da sich der lebensspendende Sonnengott zurückgezogen hat und Dunkelheit auf Erden regiert, ist Platz für andere Götter und Wesenheiten - jene, die ihren Platz ansonsten im Verborgenen haben, dem Licht der Sonne abgekehrt.

Das Verborgene entspricht mythologisch der Unterwelt oder auch der dunklen Seite des Mondes. In Abwesenheit der Sonne und des Lichts ist ihre Zeit gekommen. Es tosen Stürme, Unwetter, Regen-, Eis- und Hagelschauer über die Erde und machen den Menschen das Leben schwer. Während Sie sich im modernen Leben in die eigenen vier Wände zurückziehen, das Licht einschalten, die Heizung aufdrehen und sich das Essen des letzten Einkaufs zubereiten, hatten es die Menschen in früheren Zeiten keineswegs so einfach.

Sturm und Unwetter im Winter

Sie waren darauf angewiesen, dass die Vorräte ausreichten, sie benötigten ein wärmendes Feuer und mussten sich und die Familie vor den Launen des Winterwetters schützen. Sie waren den Naturkräften ausgeliefert und sehnten die Zeit herbei, in der die Tage wieder heller, länger und wärmer würden. Es war eine Zeit, in der die Götter um Schutz und Beistand gebeten wurden. Es galt, die Naturkräfte, die in vielen Kulturen als Gottheiten verehrt wurden, zu besänftigen. Dem dienten Rituale und Opfer. Die Geister der Dunkelheit, die in dieser Zeit zwischen den Jahren ihr Unwesen trieben, versuchte man fernzuhalten oder milde zu stimmen. Reinigende Handlungen wie das Auskehren des Heims dienten dazu, die jenseitigen Wesenheiten zu vertreiben, um Unglück fernzuhalten. Auch das Ausräuchern mit schützenden Kräutern war eine gängige Praktik.

Die Menschen lebten in dem Bewusstsein, dass in dieser Zeit der tiefsten Dunkelheit zwischen den Jahren auch die Schleier zwischen Diesseits und Jenseits dünner waren: Zog sich das Licht zurück, gewann das Verborgene an Kraft und den Wesenheiten der Unterwelt oder des Jenseits fiel der Übergang ins Diesseits leicht. Die Rauhnächte sind daher eine Schwellenzeit - die Schleier der Schwelle zwischen dem irdischen Leben und dem Jenseits sind dünn und durchlässig. In der Dunkelheit liegt es im Verborgenen, was das folgende Jahr bringt, und da die Wesenheiten des Jenseits üblicherweise im Verborgenen leben, waren die Menschen der Auffassung, dass sie auch über das ihnen unbekannte Wissen verfügen müssten.

Nutzten ihrerseits die jenseitigen Wesenheiten diese Zeit, um ins Diesseits vorzudringen, sahen die Menschen darin ihre Chance, etwas über ihr Schicksal, das kommende Jahr, zu erfahren.

Es war die Aufgabe der Weisen, die Wesenheiten der Anderswelt zu befragen oder auch um eine günstige Einflussnahme zu bitten. Orakel wurden befragt und dem Raunen der Geister gelauscht: Die Zeit außerhalb der Zeit(-rechnung), in der sich die Sonne zurückzieht, die Natur schläft und sich die Dunkelheit offenbart, war einerseits gefürchtet und barg andererseits die Gelegenheit, Einblick in sein Schicksal oder das des Dorfes zu erhalten, indem dem Raunen der jenseitigen Götter gelauscht wurde.
Es verwundert kaum, dass die Rauhnächte vor allem in Skandinavien bedeutsam waren, wo sich die Sonne tatsächlich für kurze Zeit ganz verabschiedet und selbst die Tage duster bleiben. Doch auch andere heidnische Kulturen, deren Zeitrechnung sich nach dem Mond richtete, kannten diese geheimnisvolle Phase des Jahres, was sich bis ins Alte Ägypten und Babylonien zurückverfolgen lässt.
Während der Rauhnächte raunen also die Geister, und wer sie zu vernehmen und zu verstehen wusste, konnte Einblick in sein Schicksal und die Zukunft nehmen. Zugleich mussten diese Geister milde gestimmt werden, um ihrem Treiben nicht hilflos ausgeliefert zu sein. Die Menschen versuchten, sich zu schützen, aber gleichermaßen die Gelegenheit zu nutzen.
Wer über die entsprechenden Fähigkeiten verfügte, versuchte außerdem, sein Schicksal günstig zu beeinflussen. Alternativ wurden Rituale mit demselben Ziel durchgeführt und auch das Orakeln war jedem möglich, der die Zeichen in der Umgebung zu deuten wusste. Bis heute und trotz Christianisierung haben die Traditionen der Rauhnächte überlebt. Wie eingangs erwähnt, finden wir sie in Weihnachten, dem Orakeln an Silvester und dem Vertreiben des Winters oder der dunklen Geister mit Licht und Lärm.

Neben diesen äußeren Praktiken spürt aber auch jeder Mensch die Besonderheit dieser Zwischenzeit in sich selbst. Wie sich das Leben in der Natur zurückzieht, ziehen sich auch die Menschen zurück - in die eigenen vier Wände und in sich selbst. Sie lassen das vergangene Jahr Revue passieren, besinnen sich auf das Wesentliche und haben Wünsche oder fassen Vorsätze für das nächste Jahr. Häufig findet eine Innenschau statt. Das Leben im Außen steht bis auf die alltäglichen Verpflichtungen still, es werden Kerzen angezündet, der Duft von Gebäck, Aromen und Gewürzen liegt in der Luft. Es herrscht eine meditative Stimmung, in der die eigenen Gedanken und Gefühle zu Wort kommen. Das bietet die Möglichkeit, innerlich zu wachsen und auch, auf die innere Stimme zu hören, das Unterbewusstsein, die Stimme der Seele, die intuitiven Zugang zu jenen Daseinsebenen hat, die den üblichen Sinnen verborgen sind - gleichermaßen, wie sie vom Licht der Sonne überstrahlt und in die Dunkelheit der Schatten verdrängt werden.

Winterliche Stimmung: Tee mit Gewürzen und Früchten

Herkunft und Bedeutung des Namens Rauhnächte

Die Rauhnächte werden gelegentlich auch Raunächte geschrieben. Beide Namen geben Aufschluss über die Bedeutung: Rau bezeichnet die rauen Nächte, Rauh leitet sich von Rauch oder der rauchigen Zeit ab - dem Rauch der wärmenden Feuer und der Räucherungen oder der Nebelschwaden, aus denen die Geister aufsteigen. Auch der mittelhochdeutsche Begriff *„ruch"* für *„haarig"* kann im Hinblick auf haarige, pelzige, ihr Unwesen treibende Dämonenwesen bei der Wortableitung eine Rolle spielen. Weitere Bezeichnungen sind *„die Zwölften"* oder *„Zwölfnächte"* - in den meisten Traditionen sind die Rauhnächte zwölf an der Zahl. In diesen zwölf Nächten findet die Wilde Jagd statt - Odin jagt auf seinem Hengst Sleipnir durch die Lüfte, begleitet von seinen Raben, seinen Wölfen und den Seelen der Verstorbenen. Dieses raue Treiben entspricht der Schreibweise *„rau"*. Bisweilen ist von den *„Geweihten Nächten des Jahreskreises"* die Rede. Umgangssprachlich kennen Sie diese Zeit vermutlich als *„zwischen den Jahren"*, was allerdings meist auf die Tage zwischen Weihnachten und Neujahr angewandt wird. Eigentlich läutet aber bereits die Wintersonnenwende die mysteriöse Phase des Jahres ein, die am 21. oder 22. Dezember beginnt und bis zum 6. Januar andauert. Je nach Tradition gibt es 13 Rauhnächte, wobei die 13 die 13. Zeit des Jahres bezeichnet, in der sich der Sonnen- und Mondlauf unterscheiden. Die 13 gilt als magische Zahl, beispielsweise eines Zirkels des Alten Hexentums, der aus 12 Mitgliedern besteht und als 13. in seiner Mitte eine Gottheit verehrt, stellvertretend den Hohepriester oder die Hohepriesterin. Einige Traditionen kennen zwar den gesamten Zeitraum der Rauhnächte, betrachten aber nur bestimmte Tage als besonders heilig oder durchlässig, die Schleier zwischen den Welten betreffend.

Die Zeit zwischen den Jahren - Tiefste Dunkelheit und Geburt des Lichts

Wintersonnenwende ist am 21./ 22. Dezember, die Geburt des Sonnengottes fällt auf den 25. Dezember. Diese Zeit bis in die ersten Januartage hinein war für die nordischen Völker etwas Besonderes. Am Mondkalender orientiert ist es eine Phase ohne Zeitrechnung, so geheimnisvoll wie die dunkle, der Erde abgewandte Seite des Mondes.

Es ist die Zeit des Übergangs - die Sonne gewinnt nach ihrer schwächsten Phase wieder an Kraft. Ebenso ist es eine Zeit der Enthüllungen: Das Verborgene, ansonsten vom Licht Verdrängte kann sich entfalten. Sobald das Licht wiedergeboren wird, sich die Sonne wieder länger, höher und heller am Himmel zeigt, wird sie die Offenbarung des neuen Jahreszyklus bringen.

In der Dunkelheit kann das menschliche Auge nichts erkennen. Wohl aber können Sie fühlen und mit dem inneren Auge sehen. Sie können erspüren, was vor sich geht, reflektieren, was Ihnen die vergangene Zeit des Lichts brachte und mit der Vergangenheit abschließen, um offen für Neues zu sein.

Mondkalender für 2021

Tagebuch, Seite 13 von 31 mit Teufelssiegeln

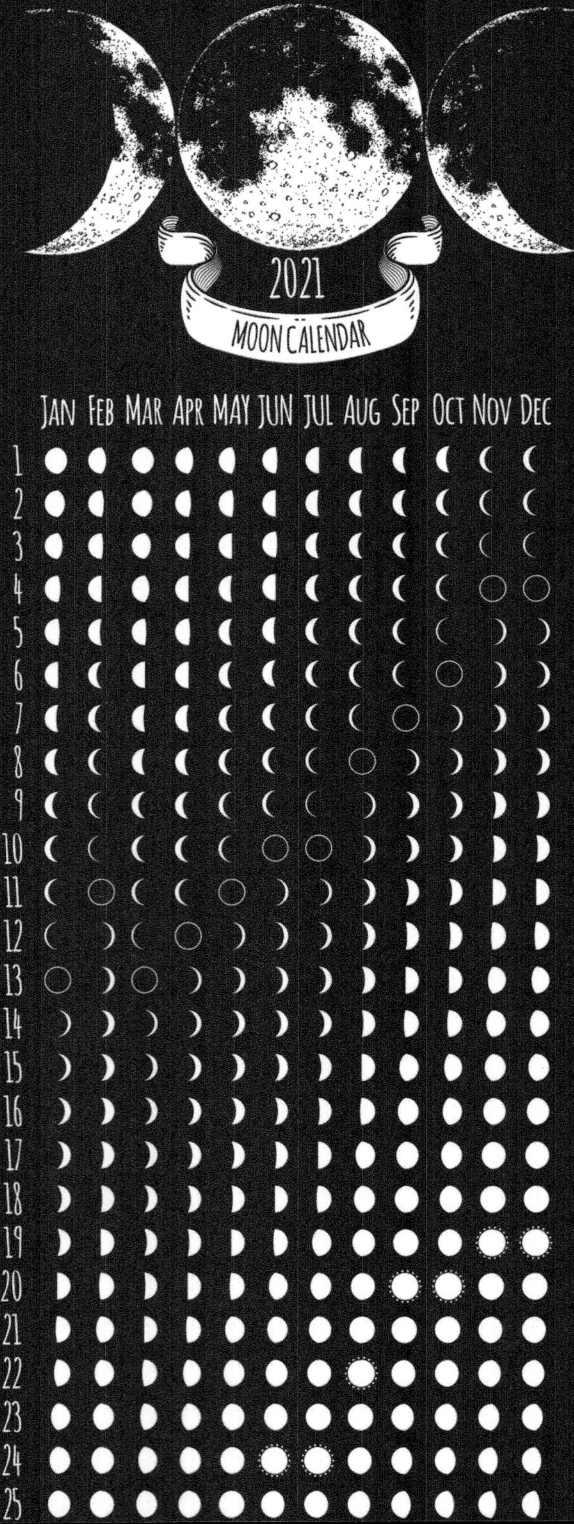
2021
MOON CALENDAR
JAN FEB MAR APR MAY JUN JUL AUG SEP OCT NOV DEC
1
2
3
4
5
6
7
8
9
10
11
12
13
14
15
16
17
18
19
20
21
22
23
24
25

Witch Diary of Shadows

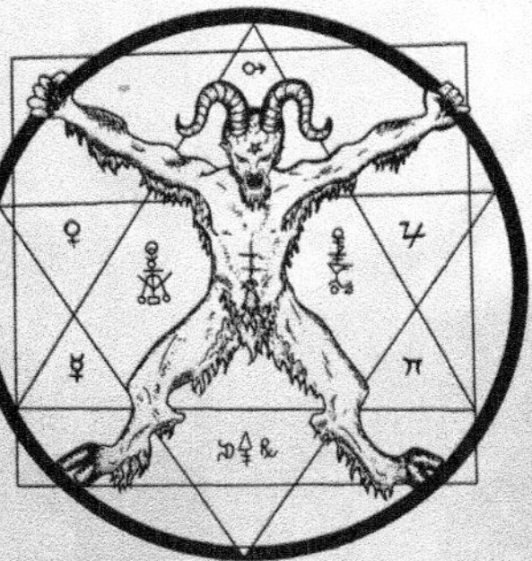

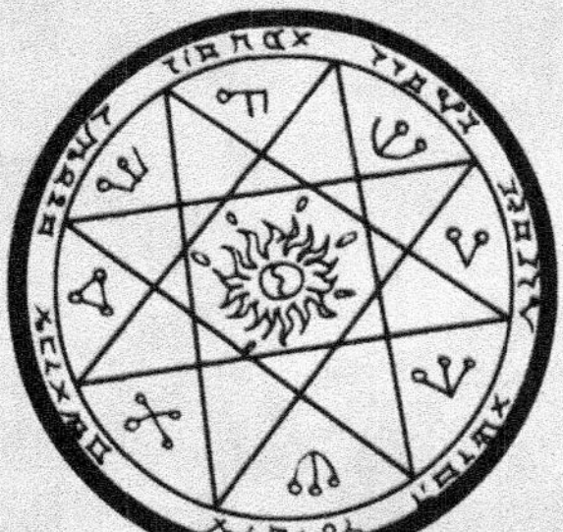

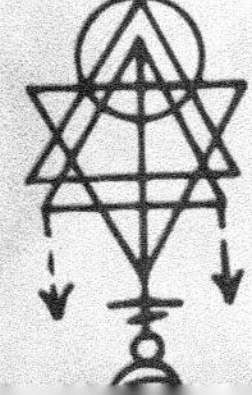

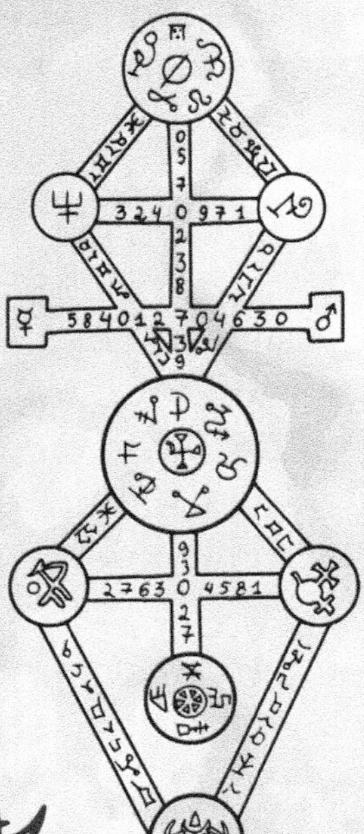

Mythologische und kulturelle Aspekte zur Lichtgeburt

In nahezu jeder Religion, Tradition, Mythologie und Kultur gibt es eine Überlieferung oder einen Glauben an den Kampf zwischen dem Dunklen und dem Licht, den zerstörerischen und den schaffenden Kräften, zwischen Gut und Böse, der Ober- und der Unterwelt. Im Jahreskreis symbolisieren dies die Rauhnächte: In der Phase der tiefsten Dunkelheit muss sich das Licht neu durchkämpfen. Letztendlich trägt das Licht den Sieg davon, sodass die Tage wieder länger und die Nächte kürzer werden.

Im übertragenen Sinne muss das Leben den Tod besiegen. Dem 354 Tage währenden Mondjahr steht der Sonnenlauf mit 365 Tagen gegenüber. Die Differenz von elf Tagen und zwölf Nächten war nach Auffassung der Kelten und Germanen die *„Zeit außerhalb der Zeit"* oder die *„Nicht-Zeit"*. Im Jahreskreis ist es die Jahresnacht. Die Rauhnächte galten als die toten Tage des Jahres, was sie zugleich zu den Tagen der Toten macht.

Rechnerisch, im Hinblick auf die Abweichung zwischen Mondjahr und Sonnenjahr, handelt es sich tatsächlich um zwölf Nächte. Allerdings tritt die Nacht im Jahreskreis nicht plötzlich ein und endet nicht abrupt. Der Übergang in die tiefste Dunkelheit und der Weg aus ihr heraus ist fließend. Da es sich um eine *„Zeit außerhalb der Zeit"* handelt, ist in logischer Konsequenz auch die übliche Zeitrechnung außer Kraft gesetzt.

Kampf zwischen Licht und Dunkelheit

Die Zeitrechnung dient dem Menschen jedoch ebenso wie das Licht als Orientierung. Diese fehlt in der dunklen Nicht-Zeit.

Eventuell bezeichnet der Begriff *„Zwölfnächte"* nicht tatsächlich zwölf Nächte, sondern die Nachtphase der zwölf Mondmonate im Jahreskreis. Diese Nachtphase ist der 13. Abschnitt des Jahres und die 13 ist die Zahl des Herrschers der Unterwelt. Im christlichen Glauben ist dies der Teufel, im Aberglauben eine Unglückszahl.

Herr über die Toten und das Jenseits ist bei den Kelten und Germanen *Odin* oder *Wotan*. Die Jahresnacht gehört ihm und seinem Gefolge. Die Tore zum Diesseits stehen den Wesenheiten des Jenseits oder der Anderswelt offen. Für die am Diesseits und am Licht orientierten Menschen bedeutete das, dass sie sich zurückzunehmen hatten, um jenen Wesenheiten das Feld zu überlassen. Sie feierten zwar die Wintersonnenwende als Wiedergeburt des Lichts, welches sie herbeisehnten, waren sich aber des Ungleichgewichts zwischen lichten und dunklen Kräften bewusst, das noch herrschte. Den Wesenheiten der Dunkelheit sollte kein Anlass gegeben werden, sich gegen die Menschen zu richten. Es wurde tunlichst vermieden, sich ihren Zorn zuzuziehen.

Odin (auch Wotan) ist der Hauptgott in der nordischen und germanischen Mythologie. Er fungiert als Göttervater, Kriegs- und Totengott, als ein Gott der Dichtung und der Runen, der Magie und Ekstase mit deutlich schamanischen Zügen.

Gott Odin auf seinem Thron mit seinen zwei Raben

Das bewusste Zurücknehmen der Menschen bedeutete, ihre Aktivitäten weitgehend einzustellen. Daher wurde während der Jahresnacht nicht gearbeitet. Es war vielmehr eine Zeit der intensiven Wahrnehmung und Achtsamkeit, in manch einer Tradition verbunden mit Fasten und allgemeiner Enthaltsamkeit. Daraus haben sich viele Bräuche abgeleitet, die teilweise die Zeit bis in die Gegenwart hinein überlebt haben.

Mit der Christianisierung wurde aus der Besinnlichkeit, Innenschau und Offenheit gegenüber anderen Dimensionen nebst ihren Wesenheiten zunehmend christlicher Glaube. Die Jahresnacht, die Naturkräfte und die Dunkelheit traten immer mehr in der Aufmerksamkeit zurück und wurden durch christlich-religiöse Elemente sowie neue kalendarische Traditionen ersetzt.

Übrig geblieben sind heute Weihnachten, Silvester und die Heiligen Drei Könige. Im privaten Bereich dreht sich vieles um Kommerz und die Organisation des geselligen Beisammenseins, begleitet von gegenseitigem Beschenken.

An Silvester haben viele spielerische Orakel wie das Wachs- oder Bleigießen alte Rituale, die Innenschau und Zukunftsschau ersetzt. An die Stelle der Kontaktaufnahme mit den jenseitigen Wesenheiten, das Bitten um ihre Gunst, das Wohl der Familie und eine ertragreiche Ernte sind die *„guten Vorsätze“* für das neue Jahr getreten.

Bleigießen - früher beliebter Brauch an Silvester, seit 2018 verboten, aufgrund der EU-Chemikalienverordnung

Im Christentum wurde aus der Geburt des Lichts in der Zeit der Dunkelheit - einer Zeit auch der Selbstbesinnung auf das eigene innere Licht - die Geburt des Erlösers, der auch die Sünden verzeiht. Es ist nicht mehr der Mensch selbst, der sich rückbesinnt, reflektiert, mit Altem abschließt, um Platz für Neues zu schaffen, sich weiter zu entwickeln. Dies wird nach außen projiziert, die Erlösung in Christus personifiziert.

Die Opfergaben haben sich in das Beschenken der Familie gewandelt. Das einstige aufmerksame Beobachten und Wahrnehmen der Natur und das Deuten von Zeichen zur Zukunftsschau, die das Überleben betrafen, aber auch dem Erlangen von Weisheit dienten, wurde zu Orakelspielen. Das Fassen der Vorsätze für das neue Jahr ersetzt die Wahrnehmung des Jenseitigen, die Aufmerksamkeit der Umwelt gegenüber, um Zeichen und Botschaften zu erhalten, die Aufschluss über das Kommende geben. Moderne Orakelspiele sind an die Stelle des Orakels als tatsächliche Kontaktaufnahme zu den jenseitigen Wesen getreten. Statt Gottheiten oder höhere Kräfte um günstige Beeinflussung zu bitten, werden zum Jahreswechsel Wünsche geäußert oder Glückskekse geöffnet.

Ähnlich wie die mythologische Auffassung sieht es die Anthroposophie, welche die Rauhnächte in enger Verbindung zu den Kräften des Universums anerkennt. Die universellen Kräfte werden durch die Sternbilder des Tierkreises verkörpert, die am Himmel ihren festen Platz im Jahreskreis einnehmen.

Die Geburt des Sonnengottes oder die Wiedergeburt des Lichts wird mit der Chance auf Erleuchtung des Menschen gleichgesetzt, indem die eigene Göttlichkeit oder der göttliche Funke im Menschen selbst erkannt wird.

Das fruchtbare Potenzial der Dunkelheit

Die Kelten und Germanen betrachteten die Zwölfnächte, die Dunkelheit der Jahresnacht, als eine Zeit des Rückzugs im Innen und Außen. Mythologisch ist ein solcher Rückzug mit dem Verharren und Schweigen gleichgesetzt. Nur im Schweigen und Verharren können Botschaften und Bewegungen wahrgenommen werden und es erfordert die Dunkelheit, das Licht zu erkennen - das eigene, innere Licht ebenso wie das der Sonne. Wie der Jahrestag und die Jahresnacht zusammengehören, gehören Licht und Dunkelheit, Bewegung oder Aktivität und Innehalten, Diesseits und Jenseits, Gut und Böse, Oben und Unten, zusammen.

In den alten Kulturen war dieses Wissen noch bekannt und derart verinnerlicht, dass die Menschen ganz selbstverständlich danach lebten. Schon *Hermes Trismegistos*, der dem ägyptischen Gott *Toth* entspricht, wusste: *„Wie oben, so unten!"*

Bei den alten Ägyptern war der 25. Dezember der Geburtstag des Gottes *Horus* und seines Bruders *Seth*. Nachdem beide zunächst eine Einheit bildeten, wurde später Oberägypten dem Horus und Unterägypten dem Seth zugesprochen.

Hermes Trismegistos: Die Göttergestalt ist eine Verschmelzung des griechischen Gottes Hermes mit dem ägyptischen Gott Thot.

Toth: Toth ist in der ägyptischen Mythologie der ibisköpfige oder paviangestaltige Gott des Mondes, der Magie, der Wissenschaft, der Schreiber, der Weisheit und des Kalenders. In den Pyramidentexten galt Thot als Gott des Westens.

Gleichermaßen galt Horus als ein Gott der Oberwelt und Seth als ein Gott der Unterwelt. Hier ist ersichtlich, wie eng die Geburt des Lichts mit der Dunkelheit verknüpft ist; beides gehört wie das Diesseits und das Jenseits, das Oben (Licht) und Unten (Dunkelheit) zusammen, so wie die göttlichen Brüder unabhängig von ihrem Wirkungskreis durch ihre Verwandtschaft verbunden bleiben.

Ein Sonnengott, dessen Geburtstag auf den 25. Dezember datiert, ist in weiteren Kulturen zu finden, etwa im persischen *Mithra* oder im römischen *Sol Invictus*. Die Feierlichkeiten zu Ehren des Lichtgottes gingen bei Gläubigen in allen Kulturen mit der Empfangsbereitschaft gegenüber dem göttlichen Licht einher: Pflanzliche Samen gedeihen in der dunklen Erde, der menschliche Same befruchtet das Ei in der Dunkelheit und in der Dunkelheit der Gebärmutter wächst schließlich das neue Leben heran. Die Dunkelheit ist folglich dem fruchtbaren Seinszustand gleichzusetzen, aus dem das Leben entsteht.

Horus: Hauptgott in der frühen Mythologie des Alten Ägypten. Ursprünglich ein Himmelsgott, war er außerdem Königsgott, ein Welten- oder Lichtgott und Beschützer der Kinder.

Seth: Altägyptische Gottheit. Seth ist ein Wüstengott und wird mit den Stürmen und Unwettern in Verbindung gebracht, weshalb er als Gott des Chaos und des Verderbens gilt. Andererseits ist er auch Schutzgott der Oasen und Gefährte des Horus.

Sol Invictus: (lat.: unbesiegter Sonnengott). Sonnengott der antiken römischen Mythologie.

Mithra: Im Persischen Reich und in Indien war Mithra ein Gott des Rechtes und des Bündnisses sowie auch ein Licht- bzw. Sonnengott.

© Depositphotos - sirylok

Helios - Sonnengott der griechischen Mythologie

Die alljährliche (Wieder-)Geburt des Lichts in der dunkelsten Zeit des Jahres, der Jahresnacht, bringt ebenso Neues hervor. Es bedeutet ein neues Jahr, neues Leben auf Erden, neue Früchte. Alles entsteht neu aus der Dunkelheit, die damit ein enormes Potenzial bietet. Es liegt am Menschen, sich diesem zu öffnen, zu erspüren, welche Kräfte wirken, dem Raunen der Stille zu lauschen.

Das fruchtbare Potenzial der Dunkelheit, aus dem neues Licht und Leben geboren wird, ist zugleich ein Hinweis auf die Weiblichkeit. Das Männliche ist der gebende, das Weibliche der empfangende Part. Im dunklen weiblichen Schoß wächst das Leben heran und wird ins Licht geboren. Hier ist wiederum ein Hinweis auf den Mond zu finden, der das Licht der Sonne empfängt und spiegelt. Dem Mond sind mythologisch überwiegend weibliche Göttinnen zugeordnet, die als dunkel und zerstörerisch, aber auch als lebensspendend gelten. Dies ist in den auf- und abnehmenden Mondphasen sowie in der hellen und der dunklen, der Erde abgewandten, verborgenen Seite des Mondes, ersichtlich.

Die Mondgöttin ist im babylonischen *Lilith*, von der Bibel übernommen als jene Schlange, die Eva einflüstert, vom verbotenen Baum der Erkenntnis zu naschen. Als Eva dem nachkommt, wird sie aus dem Paradies, dem Licht, verbannt, und erkennt die Dunkelheit. Diese muss der Mensch erleben, um sich des Lichts bewusst zu werden. In der nordischen Mythologie ist *Hel* die dunkle Göttin, die über die Unterwelt herrscht, im Zuge der Christianisierung der Hölle zugeordnet.

Lilith: Göttin der sumerischen Mythologie. Häufig als weibliches geflügeltes Mischwesen dargestellt.

Hel: In der nordischen Mythologie die Herrscherin der gleichnamigen Unterwelt

Zeichnung der Göttin Hel

Es sind die jenseitigen Geister, die der Anders- oder auch Unterwelt, die in den Rauhnächten ins Diesseits dringen und die Geburt des neuen Lichts einläuten. Sie sind die wilden, ungezähmten, nicht den Regeln des Diesseits unterworfenen Wesenheiten. Darin liegt ihre Kraft: Das neue Leben findet seinen Anfang in der Dunkelheit und wächst in ihr heran, bis es sich in der lichten Welt entfaltet und dem Menschen wahrnehmbar wird.

Dem Menschen mit dem Bewusstsein im Diesseits wirken die jenseitigen Wesen dämonisch, unheimlich und fremd. Allerdings erfordert die Anerkennung des Lichts auch die der Dunkelheit. Im großen Ganzen gehört beides untrennbar zusammen.

Den Zugang dazu finden Sie über das Unterbewusstsein, welches der Dunkelheit entspricht, während das Bewusstsein mit seinen Sinnen die lichte Ebene des Diesseits wahrnimmt. Der Rückzug vom Außen, die Besinnung auf das eigene Innere, die Wahrnehmung der Ebene des Unbewussten, bedeutet, empfangsbereit zu sein für den Samen, der Neues hervorbringt.

Ursprung und Bedeutung der Rauhnächte

Der Ursprung der Rauhnächte ist mit der Differenz des Mond- und Sonnenjahres recht eindeutig: Das Mondjahr umfasst 354 Tage, das Sonnenjahr 365 Tage. Der Begriff Rauhnächte mag irreführend sein, denn auch die Tage sind einbezogen. Eine Rauhnacht dauert jeweils von 0 bis 24 Uhr an.

Unterschiede gibt es in der Interpretation, die auf der kulturellen Weltanschauung basiert. Daraus resultieren abweichende Traditionen und Praktiken. Eine zeitliche Zuordnung des Ursprungs der Rauhnächte ist bisher nicht möglich, da sich Hinweise auf entsprechende Sonnengottheiten und mythologische Überlieferungen zur Wiedergeburt des Lichts bereits in uralten Kulturen finden. Dies ist nicht weiter verwunderlich, da die Naturkräfte, die kosmischen Kräfte und der Jahreskreis einst einen viel höheren Stellenwert als heute hatten.

Weiterhin ist die Herkunft des Begriffes *„Rauhnächte"* nicht eindeutig geklärt. Rau – bei der Schreibweise Raunächte - kann vom mittelhochdeutschen rûch abgeleitet sein, was für haarig und wild steht. Stammt es dagegen aus dem Althochdeutschen rüh, wäre tatsächlich rau die korrekte Übersetzung. Das ebenfalls Althochdeutsche rüch, übersetzt Geheimnis, ist eine weitere Möglichkeit.

Die Schreibweise Rauh-Nächte ist auf Rauch zurückzuführen und zu guter Letzt kann Rau auf Raunen hinweisen.

An sich ist jede dieser Abstammungsmöglichkeiten naheliegend, da jeder der Begriffe die Essenz der Rauhnächte umschreibt: Haarig und wild, bisweilen missgestaltet, stellen Menschen sich gerne Dämonen oder einfach jenseitige Wesenheiten vor, die ihren Schabernack mit den Menschen treiben. Es war lange Brauch, Haus und Hof zu räuchern, um böse Geister fernzuhalten, oder zu vertreiben und in Ritualen ist das Räuchern ebenfalls eine gängige Praktik.

Die Wilde Jagd des Odin findet während der Rauhnächte statt. Hier herrschen raue Umgangsformen, rau ist diese dunkle Zeit des Winters auch für die Menschen und ebenso herrscht eine raue Witterung. Die Rauhnächte sind eine geheimnisumwobene Zeit, in ihr offenbart sich Verborgenes. Das Raunen des Windes und der Geister ist in der Jahresnacht zu vernehmen und die Runen raunen rechten Rat, offenbaren ebenfalls Geheimnisse.

Hinsichtlich des Sonnen- und Mondkalenders gibt es Hinweise, dass die Kelten beide Zeitrechnungen nutzten. Das ergibt Sinn, da der Lauf der Sonne die immer wiederkehrenden zyklischen Jahreszeiten bestimmt. Die Mondphasen beeinflussen aber das Geschehen auf Erden ebenfalls, wie zum Beispiel an Ebbe und Flut ersichtlich ist. Es wurden einerseits die Jahreskreisfeste gefeiert, andererseits Vollmond- und Neumondrituale durchgeführt - und jeder Mondmonat hatte eine bestimmte Bedeutung. Letztendlich ist es daher durchaus nachvollziehbar, dass einerseits das Mondjahr, andererseits das Sonnenjahr, Beachtung fand.

Odins Wilde Jagd. Gemälde von Peter Nicolai Arbo 1872

Die Tage, die dem Mondjahr mit seinen zwölf Zyklen gegenüber dem zwölfmonatigen Sonnenjahr fehlen, sind eine unbenannte Zeit, den Menschen nicht greifbar und deshalb eine Zeit der Mysterien - die Zeit zwischen den Jahren und zwischen den Welten.

Daraus erklären sich wiederum unterschiedliche Überlieferungen über den genauen Beginn und das Ende der Rauhnächte sowie über deren Anzahl. Es gibt sowohl Hinweise auf vier wie auf zwölf und auf dreizehn Tage und Nächte. Vermutlich begann die Zeit zwischen Mond- und Sonnenjahr bei den Kelten jeweils mit dem Dunkelmond oder Schwarzmond. Der Schwarzmond ist nicht mit Neumond zu verwechseln. Letzterer bezeichnet den Moment der dunkelsten Phase des Mondes, während der Schwarzmond so lange währt, wie sich der Mond im Schatten der Erde befindet und dem menschlichen Auge unsichtbar ist. Das sind etwa drei Tage.

Historischen Funden zufolge standen die Raunächte bei den Kelten ursprünglich mit dem Schwarzmond vor oder nach der Wintersonnenwende in Zusammenhang, je nachdem, welcher ihr näher lag. Sie währten dann entweder vom Schwarzmond vor der Wintersonnenwende bis zu selbiger oder von der Wintersonnenwende an bis zum folgenden Schwarzmond. Entsprechend variierte die Dauer. Die Wintersonnenwende, auch als Julfest gefeiert, war mit der Wiedergeburt des Lichts der eigentliche Jahreswechsel, nämlich der Wechsel des Sonnenjahres.

Das neue Mondjahr begann jeweils mit dem Schwarzmond um die Wintersonnenwende herum. Somit fielen die Rauhnächte stets in die tatsächliche Zeitdifferenz zwischen Sonnen- und Mondjahr.

Im Wandel der Zeit und Glaubensrichtungen änderte sich das. Die Rauhnächte richteten sich nicht mehr nach der Zeitqualität, bestimmt durch den Sonnen- und Mondzyklus des keltischen Jahreskreises, sondern wurden pauschal im Kalenderjahr festgesetzt. Doch auch hinsichtlich des kalendarischen Zeitraumes herrscht keine Einigkeit, was wiederum auf unterschiedlichen religiösen Glaubensrichtungen und heidnischen Auffassungen beruht.

Kalendarische Abweichungen: Wintersonnenwende, Weihnachten und Nikolaus

Warum wird die Geburt des Lichts oder des Sonnengottes am 25. Dezember gefeiert, wenn die Geburt des Lichts doch im Jahreszyklus eigentlich vom 21. auf den 22. Dezember stattfindet? Warum beschenkt man sich zum Beispiel in Italien noch immer am sechsten Januar, an dem Tag, an dem die biblischen Heiligen Drei Könige das Christuskind beehren? Warum werden die Rauhnächte heute häufig mit dem 25. Dezember eingeläutet, wenn sie doch so eng mit der Wintersonnenwende verknüpft sind?

Der ursprüngliche Zusammenhang mit dem Mondzyklus und die Überbrückung der Differenz zum Sonnenjahr findet heute in vielen Kreisen keine Berücksichtigung mehr.

Je nach Brauchtum haben verschiedene Kalendertage eine besondere Bedeutung: Die Wintersonnenwende fällt auf den 21./22. Dezember. Die längste Nacht des Jahres wird auch als Thomasnacht bezeichnet, der 21. Dezember ist der Thomastag. Die Bedeutung des Namen Thomas ist *„Zwilling“*, was erneut an die ägyptischen Brüder Horus und Seth erinnert. Einer ist dem Licht, einer der Dunkelheit zugeordnet. Die Wintersonnenwende ist quasi der Zwilling der Sommersonnenwende.

Deckblatt einer isländischen Abschrift der Snorra-Edda aus dem Jahr 1666

Bökenn Edda
Hvoria Samsett Hefur.
SNORRE
Sturluson Lög Madur.
Ao Xti M:CCXV
Prentud i Kaupenh:
Islandsku Donsku Latinu.
Anno Domini 1666.
Miolner
Kyrinn Audumla.
Heimdall Giallar Horn
Sleipn hest Odin
Valhöll

In der *Edda* wird dies durch die Darstellung von zwei Wölfen, den Zwillingswölfen, veranschaulicht. Die dunkle und die helle Zeit des Jahres bilden ein Ganzes, aber während der Rauhnächte dominiert die Dunkelheit.

Am 25. Dezember wird die Geburt des Sonnengottes gefeiert, alternativ die des Christuskinds oder Weihnachten. Der 24. Dezember ist der Heilige Abend oder die Heilige Nacht, im Hinblick auf die Vertreibung aus dem Paradies auch als Adam- und Eva-Tag bezeichnet.

Der Jahreswechsel fällt auf den 31. Dezember zum 1. Januar, gefeiert wird die Silvesternacht. Am 6. Januar ist der Tag der Heiligen Drei Könige, des Nikolaus oder des *Epiphanias* beziehungsweise die Nacht vom 5. auf den 6. Januar die Epiphaniasnacht.

Vielerorts beginnen die Rauhnächte am 25. Dezember und währen bis zum 6. Dezember, was exakt zwölf Nächte ergibt. Alternativ beginnen sie bereits mit der Heiligen Nacht am 24. Dezember und sind 13 an der Zahl. Orientiert an der Wintersonnenwende fällt die erste Rauhnacht dagegen auf die Nacht vom 21. auf den 22. Dezember und die letzte auf den Jahreswechsel. Hier sind es, wie in der Differenz zwischen Mond- und Sonnenjahr, zwölf Tage und elf Nächte.

Edda: Als Edda werden zwei verschiedene, in altisländischer Sprache verfasste literarische Werke bezeichnet. Beide wurden im 13. Jahrhundert im christianisierten Island niedergeschrieben und behandeln skandinavische Götter- und Heldensagen.

Epiphanias: Epiphanias bzw. Epiphaniasfest ist der ursprüngliche und heute noch in der evangelischen Kirche gebräuchliche Name eines am 6. Januar begangenen Festes im Christentum; Das Fest wird auch als „Fest der Erscheinung des Herrn: Epiphanias" bezeichnet.

Das klingt verwirrend. Geschuldet sind diese unterschiedlichen Auffassungen und Abweichungen Kalenderreformen sowie dem Wandel von Glauben und Religionen. Epiphanias war ursprünglich Epiphanie oder Epifania, eine Hexe, ein weiblicher Dämon.

Bei den Kelten und Germanen war es Hel, in Italien wurde sie *Befana* genannt. Ihr ist die Nacht vom fünften auf den sechsten Januar zugeordnet. Hel unterstanden die drei Nornen, die die Schicksalsfäden webten und durchtrennten.

Oft wurden mit sich wandelnder Weltanschauung weibliche Gottheiten durch männliche ersetzt - so auch in diesem Fall: Epiphanie wurde zu Epiphanias und bezeichnet die *„Erscheinung des Herrn"*. Das ist der Sonnengott, im Christentum der Erlöser Christus oder die Geburt des Christuskindes. Daher ist in Italien der sechste Januar, der Epiphaniastag, fast so wichtig wie Weihnachten. Erst seit ein paar Jahren gibt es in Italien auch an Weihnachten Geschenke, vorher mussten die Kinder immer bis zum sechsten Januar warten. Ähnlich sieht es die Apostolisch Armenische Kirche noch heute, dort wird Weihnachten am Epiphaniastag gefeiert.

In einigen modernen Religionen wurden aus den drei Schicksalsgöttinnen die Weisen aus dem Morgenland oder die Heiligen Drei Könige. Vor allem östliche christliche Religionen feiern am 6. Januar dagegen die Taufe Jesu verbunden mit der Offenbarung der Heiligen Dreifaltigkeit.

Auch darin finden wir wieder einen Hinweis auf die ursprünglichen drei Schicksalsweberinnen, die dunklen Göttinnen, die das Schicksal der Menschen bestimmen.

Die Datierung der Geburt Christi oder der Erscheinungstag des Epiphanias am 6. Januar basiert auf einem älteren Kalender. Einige Reformen führten unter anderem zum julianischen, dem gregorianischen und dem römischen Kalender mit abweichenden Zeitrechnungen. Sie gingen oft auch mit Religionsreformen einher. Die Wintersonnenwende verschob sich durch derartige Reformen kalendarisch auf den 21. Dezember und die Geburt Christi auf den 25. Dezember, während einige Traditionen den 6. Januar als Erscheinungstag des Herrn weiterhin mit der Geburt Christi gleichsetzen. Andere feiern die Zwölfnächte, in Österreich als Weihnachtszwölfe bekannt: Weihnachten wurde vorbereitend auf das Ereignis zwölf Tage und Nächte gefeiert und endete je nach Auffassung mit der Geburt oder Taufe Jesu.

Die Kirche hat diese Ereignisse von wesentlich älteren Kulturen übernommen, bei denen die Geburt des Sonnengottes oder die Wiederkehr des Lichts gefeiert wurde. In heidnischen Kreisen ist stattdessen die Tradition der Rauhnächte erhalten geblieben. Religiöse und heidnische Auffassungen haben sich im Laufe der Zeit in vielerlei Hinsicht vermischt, sodass die Rauhnächte als Zwölfnächte heute überwiegend zwischen den 24. oder 25. Dezember und den 6. Januar datiert werden.

Nornen - Schicksalsweberinnen
Nationalgalerie von Dänemark - staatl. Kunstmuseum

Andere sehen diese dagegen im Zeitraum zwischen dem 21. Dezember und dem 1. Januar. Wer es ganz genau nimmt, richtet sich nach den Mondphasen und dem der Wintersonnenwende am nächsten liegenden Schwarzmond.

Im Prinzip ist es unerheblich, welcher Zeitraum für Sie persönlich den Rauhnächten entspricht. Der Übergang zwischen Licht zu Dunkelheit und umgekehrt findet schließlich wie erwähnt nicht plötzlich, sondern in einer Phase im Jahreszyklus statt. Viel relevanter ist es, sich der Besonderheit dieser Phase bewusst zu werden, sie zu spüren, die Wahrnehmung nach innen zu richten und dem Raunen der Dunkelheit zu lauschen. Ob Sie sich dabei nach dem tatsächlichen Mond- und Sonnenjahr richten, den 21. Dezember als Beginn der Rauhnächte betrachten oder diesen auf den 25. Dezember datieren, ist in Anbetracht der Bedeutung und essenziellen Qualität der dunklen Jahreszeit zweitrangig.

Die weibliche Gottheit - Die dunkle Seite des Lebens

Um die Essenz der Dunkelheit zu verstehen, ist es hilfreich, sich mit der weiblichen Gottheit auseinanderzusetzen, die mehr und mehr durch männliche Gottheiten ersetzt wurde. Epiphania wurde aus der dunklen Göttin abgeleitet, die gleichermaßen Zerstörung und Fruchtbarkeit bringt. Sie entspricht dem universellen Prinzip der Weiblichkeit, der Empfängnis des Leben spendenden Funkens oder Impulses, der Intuition und dem Unterbewusstsein.

Perchta - Gemälde aus Böhmen

Religionen und Glaubensauffassungen, die männlichen Lichtgottheiten den Vorrang geben, haben die weibliche Gottheit in die Unterwelt oder das Jenseits verbannt. Aus den weisen Frauen, den guten, den heilenden Kräuterhexen wurden böse, mit dem Teufel und Dämonen verbündete Hexen. In der Bibel ist es Lilith, die in älteren Kulturen die Mondgöttin mit ihrer hellen und dunklen Seite verkörpert. Bei den Germanen heißt sie Hel - die Frau Holle aus dem Märchen. Hel ist der Unterwelt zugeordnet, der christlichen Hölle, ihr Pendant der göttlichen Oberwelt ist Freya.

Im alpenländischen Raum ist Perchta überliefert, die dem Mythos nach Faulheit und unlautere Vorgehensweisen ahndet und bestraft, Ehrenhaftigkeit, Fleiß und Hilfsbereitschaft aber belohnt, etwa mit einer guten Ernte. So vereint auch sie eine helle und eine dunkle Seite in sich. Weiter heißt es von ihr, dass sie die Seelen der Ungeborenen hütet und schützt.

Aus Perchta, deren Ehrentag der 6. Januar ist, soll der spätere Knecht Ruprecht hervorgegangen sein, der seinerseits unterwegs ist, um das Verhalten des vergangenen Jahres zu strafen oder zu belohnen. Knecht Ruprecht begleitet wiederum den Nikolaus.

Von Perchta heißt es, ebenso wie von Hel, sie fahre in der dunklen Jahreszeit durch die Lüfte. In Perchtas Begleitung befinden sich die Seelen der Ungeborenen, in Hels Begleitung die Seelen der Unterwelt. Auch Odin reitet mit seinem wilden Heer der verstorbenen Krieger durch die Lüfte.

All diese Gottheiten sind Sinnbild für die Jenseitigen, die in den Rauhnächten die Schwelle zum Diesseits überschreiten. Das Belohnen und Bestrafen guter und böser Taten steht dagegen für die Innenschau und Reflexion der Menschen selbst, um aus Vergangenem zu lernen und mittels des Erlernten die Zukunft zu gestalten.

Es geht dabei um die Entwicklung und Entfaltung der Persönlichkeit, des inneren Lichts. Dieses ist im Inneren des Menschen das, was die Sonne im Außen ist: Die Sonne *„stirbt"*, zieht sich zurück, um in neuem Licht wieder zu erscheinen. Während dessen gewinnt die Dunkelheit, das Unterbewusstsein, das Jenseitige die Oberhand, was in den Überlieferungen der seelischen Welt entspricht, der die Verstorbenen und Ungeborenen angehören.

Verstorbene und Ungeborene bezeichnen dieselben Seelen: Wie sich das Rad des Jahres fortlaufend im selben Zyklus dreht, sich Licht und Dunkelheit abwechseln, geht auch die Seele des Menschen von der Daseinsform des Lebens auf Erden nach dem Tod in das Jenseits über und ist in dieser Anderswelt zu Hause, bis sie wieder geboren wird.

Das Rad des Jahres

Das Jahresrad wird mit acht Speichen dargestellt, von welchen vier für die Jahreszeiten und vier für die Elemente stehen: Frühjahr, Sommer, Herbst und Winter sowie Wasser, Feuer, Erde und Luft. Im Frühjahr ist es das Wasser, welches das Wachstum anregt. Im Sommer wärmt das Feuer der Sonne. Im Herbst sind die Früchte der Erde, von Wasser und dem Licht der Sonne genährt, erntereif. Laub und Geäst werden abgeworfen, um erneut zu Erde zu werden. Im Winter herrscht das Element Luft vor - es ist im Norden die Zeit der rauen Witterung mit tosenden Winden und Stürmen. Den Höhepunkt der Luft-Zeit bilden die Rauhnächte.

Die anderen vier Achsen bezeichnen die Wendepunkte in den Jahreszeiten. Dazu zählen die Sommersonnenwende (Litha) am 21. Juni und die Wintersonnenwende (Jul) am 21. Dezember. Dazwischen liegen die Frühjahrs-Tag- und -Nachtgleiche am 21. März, bei den Kelten Ostara genannt, der Vorläufer des heutigen Osterfests, und die Tag- und Nachtgleiche am 21. September im Herbst, das keltische Mabon.

Gelegentlich wird das Jahresrad statt mit acht Achsen als Kreis dargestellt, von welchem acht Strahlen ausgehen. Das Rad symbolisiert die Sonne, da das Rad des Jahres ihren wiederkehrenden Jahresverlauf beschreibt.

Im Hinblick auf die Rauhnächte ist selbstverständlich die Wintersonnenwende des Jahresrades relevant. Diese tiefste und dunkelste Nacht des Jahres, die Jahresmitternacht, war bei den Kelten auch die Mutternacht. Das umschreibt den Glauben, dass die Göttin in dieser tiefsten Dunkelheit, der Zeit der Stille und des Stillstands, das Sonnenkind oder den Sonnengott wieder gebärt. Daraus ist wiederum der Zusammenhang zur höchsten Göttin, der Muttergöttin oder der universellen weiblichen Urkraft, erkenntlich. Sie ist es, aus der alles Leben hervorgeht.

Das Jahresrad ist außerdem durch die waagrechte Achse, die für die Tag- und Nachtgleichen steht, in eine obere und eine untere Hälfte unterteilt. In der oberen Hälfte sind die Tage am hellsten und am längsten, in der unteren Hälfte werden die Tage kürzer und die Nächte länger.

Das ist auch die Grundlage des Lebensbaumes: Seine obere Hälfte besteht aus der Krone und repräsentiert die Oberwelt. Seine untere Hälfte wird von den ins dunkle Erdreich ragenden Wurzeln gebildet und repräsentiert die Unterwelt. Gleichermaßen symbolisiert der Lebensbaum Leben und Tod, Diesseits und Jenseits.

Über die Wurzeln, die Unterwelt, bezieht der Baum seine Nährstoffe, um die Krone in der Oberwelt zu versorgen. Am tiefsten Punkt, der längsten Nacht des Jahres, ist das, was von unten nach oben dringt, am stärksten. Die Unterwelt herrscht über die Oberwelt, wobei in der Unterwelt die Seelen der Toten und in der Oberwelt die Seelen der Lebenden angesiedelt sind. Um die Krone, die Lebenden, zu nähren, müssen die Kräfte des Unten nach oben dringen: Die Seelen der Unterwelt werden in die Oberwelt geboren. Stellvertretend ist es die Göttin, die in ihrem dunklen Schoß das Licht gebiert, die Sonne als Spender allen Lebens auf Erden.

Übertragen auf den Menschen bedeutet das, auch er hat in dieser Phase des Jahres die Gelegenheit, seine eigene Unterwelt, das Unbewusste, zu erforschen. Denn in diesem schlummern die verborgenen Samenkörner, die der Mensch zum Wachstum bringen kann.

Die Dunkelheit ist der Quell allen Lebens, das sich in der folgenden Zeit des Lichts offenbart. Das gilt gleichermaßen für das Innen und das Außen: Der Menschen hört selbst in sich hinein, lauscht aber auch den Stimmen der Anderswelt.

Die Grenze zur Anderswelt wird dünner

Im Bewusstsein der Menschen ist das Diesseits vom Jenseitigen, das grobstofflich Materielle vom Feinstofflichen getrennt. Einige sensitive Menschen haben einen intuitiven Zugang zur feinstofflichen Anderswelt. Schamanen wissen, ihn bewusst herzustellen. Ansonsten überstrahlt das Licht die Dunkelheit und das Bewusstsein überlagert das Unterbewusstsein oder Unbewusste.

Die Anderswelt ist jene Ebene des Seins, in der die Seele zu Hause ist. Auch andere beseelte Daseinsformen sind hier anzutreffen. Die Anderswelt wird bewohnt von den feinstofflichen Körpern der Menschen, Tiere und Pflanzen. Die Energiefelder von Steinen sind jenem sichtbar, der Zugang zur Anderswelt hat, und auch die unterschiedlichsten Tiergestalten finden sich hier. Sie können irdischen Tieren, denen Sie auch im Leben begegnen können, ähneln, aber auch fantasievolle bis skurril anmutende Züge aufweisen. Weiterhin sind in der Anderswelt mythische Wesenheiten wie Zwerge, Gnome, Feen und Elfen beheimatet.

Bei Menschen kommt das Unterbewusstsein gerne im Traum zur Sprache, wenn Verstand und Bewusstsein schlafen. Es übermittelt reale, aber auch surreal wirkende Bilder. Oft ist nach dem Aufwachen, wenn das Bewusstsein wieder die Regie übernimmt, alles vergessen oder Sie erinnern sich nur noch an verblassende Bruchteile Ihrer Träume.

Tanz der Elfen

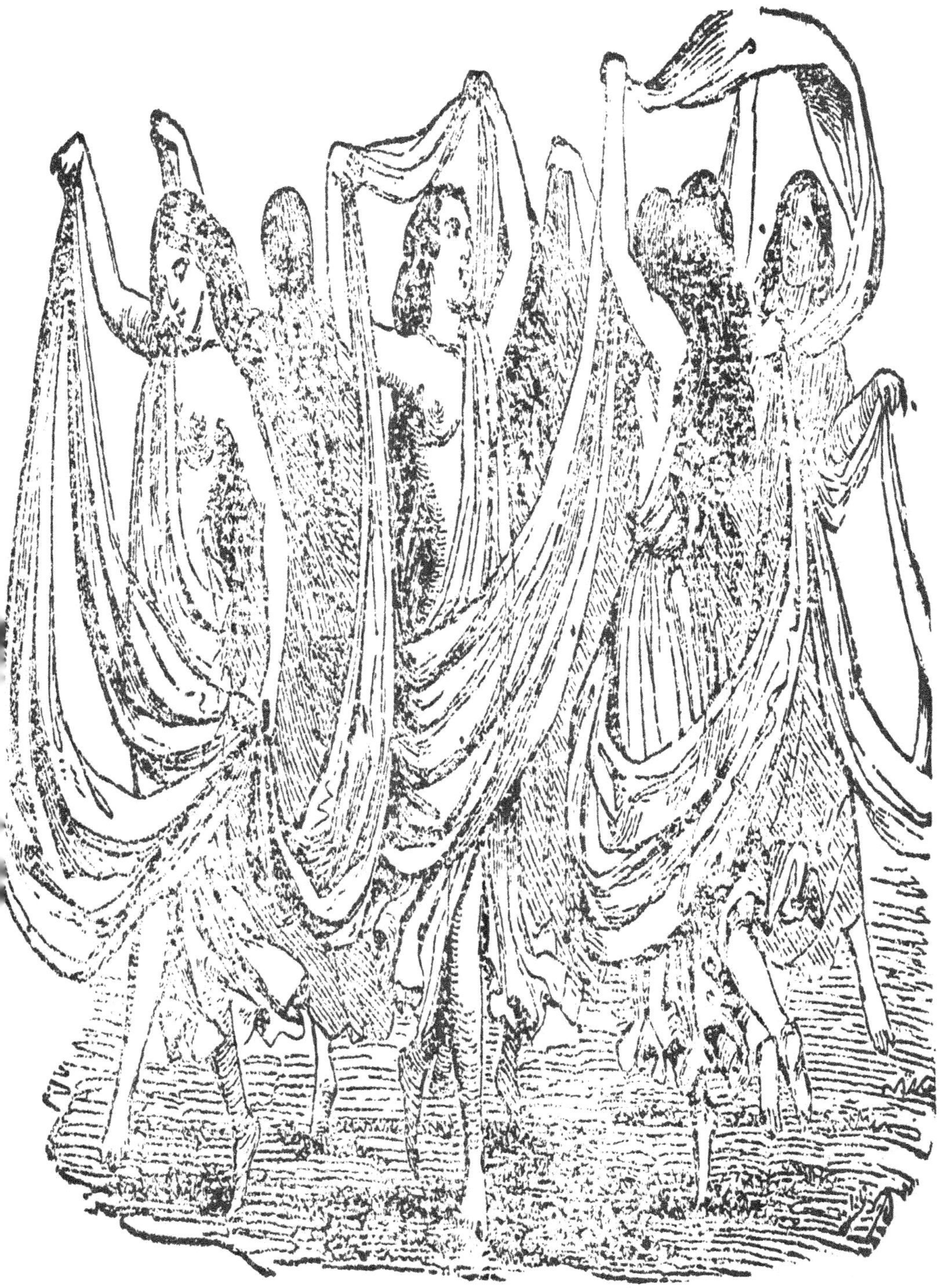

Die Rauhnächte sind die Zeit des Jahres, in der sich das Bewusstsein, das Licht im Außen, zurückzieht. Sie sind die Jahresnacht, die Zeit der Dunkelheit, des Unbewussten, des Unterbewusstseins. In der Tagesnacht sind es Träume, die aus der unbewussten Ebene des Seins sprechen, in der Jahresnacht sind es die Wesenheiten der Anderswelt, die in Erscheinung treten.

Lassen Sie es zu, dass sich auch Ihr Bewusstsein zurücknimmt, lassen Sie sich auf die Dunkelheit ein - dann können Sie die feinstofflichen Kräfte, die Wesenheiten der Anderswelt, das Jenseitige vielleicht erspüren. Schamanen suchen gezielt Zugang zur Anderswelt, um zu Krafttieren Kontakt aufzunehmen, um mit den Seelen der Verstorbenen zu kommunizieren, um auf der feinstofflichen Ebene zu heilen und manchmal auch, um im Materiellen Einfluss zu nehmen.

Ähnlich gehen Tierkommunikatoren vor: Sie nehmen Kontakt zur Seele eines Tieres auf und lassen es zu Wort kommen. Tiere nehmen übrigens auch in den Rauhnächten eine besondere Rolle ein.

Ein wenig anders verhält es sich in den Rauhnächten insofern, dass nicht ein Mensch aus dem Diesseits die Barriere zur feinstofflichen Welt überwindet, sondern in dieser Zeit der Dunkelheit deren Wesenheiten und Kräfte stärker in das Diesseits vordringen. Es heißt, die Grenzen sind in dieser dunklen Zeit dünn, die Schleier zwischen den Welten durchlässiger, die Schwelle kann leichter überwunden werden.

Das bietet selbstverständlich auch Ihnen die Chance, sich dem zu öffnen, die Wesenheiten und Kräfte um Sie herum wahrzunehmen, ihnen zu lauschen. Sie können sich auf die Zeichen und das Geschehen in der Umgebung einstimmen und auf sich wirken lassen.

Die Grenze zur Anderswelt wird dünner, das bezieht sich außerdem auf die Zeitqualität: Vergangenheit und Zukunft sind in dieser mythologischen Nicht-Zeit zugänglicher. Das ist der Grund für die Bezeichnung *„Losnächte"* bei den Kelten und Germanen - die Rauhnächte wurden zur Zukunftsschau genutzt.

Die Geister toben durch die Lüfte

Die Luft ist das Element des Winters und der luftigen Geister, auf Darstellungen oft in durchscheinender Gestalt gezeigt. Die Luft ist dem Auge unsichtbar, ebenso unsichtbar ist ihm die Seele. Stirbt der materielle menschliche Körper, verwandelt er sich in eine andere Materieform, die Erde, zurück. Die Seele dagegen entweicht in die feinstoffliche Welt, ihre Heimat. Sie können es sich so vorstellen, dass die Seele den menschlichen Körper verlässt und sich über diesem in die Luft erhebt, um in eine andere Daseinsform überzugehen.

Dies ist der Aspekt des Elements Luft in den Rauhnächten. Zu den Wesenheiten, die die Grenze der Anderswelt überwinden können, zählen jedoch die aller Elemente, also auch Erdgeister, Feuergeister und Wassergeister. Dazu zählen weiterhin die Seelen Verstorbener und verschiedene jenseitige Kräfte, welche ebenso wie Krafttiere diese oder jene Gestalt annehmen können.

Jenseitige Kräfte sind zum Beispiel solche, die im Verborgenen wirken und in beliebigen Kulturen als Gottheiten dargestellt beziehungsweise verehrt werden.

Die Rauhnächte gelten bei den nordischen Völkern als die Zeit der Wilden Jagd, angeführt von Odin. Aber auch von Hel heißt es, sie bewege sich durch die Lüfte.

Analog wird dies Perchta nachgesagt, deren männliches Pendant, Knecht Ruprecht, ebenfalls mit seinem Schlitten durch die Luft zur Erde fliegt, um die Taten des Jahres abzustrafen oder reichlich zu belohnen.

Die Menschen fürchteten das Wilde Heer des Odin. Sie brachten ihm, Hel, Freya und weiteren Göttern, die sie fürchteten oder von denen sie sich Unterstützung wünschten, und auch den Geistern der Ahnen, Gaben dar. In der Regel handelte es sich um Speisen. Auf diese Weise erhoffte man sich die Gunst der Götter, von denen es auch hieß, dass sie in dieser Zeit den Menschen schaden können. Waren sie besänftigt, konnten sie aber auch wohlgesonnen sein und mit ihrem Wohlwollen belohnen.

Die Naturgeister kamen ebenfalls nicht zu kurz: Es wurden Gaben unter Obstbäume gelegt, damit diese reichlich Früchte trugen und Nahrung liefern mochten.

Mit Räucherungen oder großen Julfeuern übergaben die Menschen Wünsche in die Luft, aber auch Vorsätze in Form des Julgelübdes. Dies mag an die drei Nornen gerichtet gewesen sein, die als Schicksalsgöttinnen die Schicksalsfäden der Menschen während der Rauhnächte in den Lüften neu gesponnen und verwoben haben sollen. Dabei raunten sie, so hieß es, was sie in die Fäden woben. Daher lauschten jene, die sich Informationen über die Ereignisse des kommenden Jahres erhofften, den Winden, die das Raunen durch die Luft trugen.

Die Seele verlässt den Körper

Offene Tore auch für Dämonen

In dieser Zeit außerhalb der Zeit, wenn die Grenzen zur Anderswelt offen sind, haben nicht nur die Götter, Naturgeister oder Seelen der Ahnen die Gelegenheit, diese zu durchschreiten, sondern auch Dämonen, die in der Welt der Menschen ihr Unwesen treiben möchten. Sie kämen, so glaubte man, um Häuser zu verwüsten, Krankheiten zu bringen, sich an Frauen und Kindern zu vergreifen und sich an den Tieren auf den Höfen auszulassen.

Die Menschen reinigten ihre Häuser deshalb durch Auskehren und mit Räucherungen. Auf den Höfen wurden Feuer entzündet, deren heller Schein Dämonen fernhalten sollte. Wäsche wurde in den Rauhnächten nicht gewaschen, damit sich nach dem Aufhängen zum Trocknen keine bösen Geister darin verfangen konnten. Runen am Haus und an den Ställen sollten Mensch und Tier Schutz bieten.

Die Damönen

Orakeln, Deuten und Transformieren

In der feinstofflichen Welt wird gewirkt, was sich in der materiellen Welt manifestiert. Es ist daher kaum verwunderlich, dass eine Phase, in der die Schleier zwischen Diesseits und Jenseits dünner sind, zum Orakeln genutzt wurde. Neben dem Lauschen des Raunens der Nornen bot es sich an, die Runen sprechen zu lassen oder auf Zeichen zu achten, die Hinweise geben. Die Weisen der Dörfer oder Gemeinschaften vermochten es außerdem, direkt Kontakt mit Wesenheiten der Anderswelt aufzunehmen.

Davon abgesehen wurde jeder Rauhnacht eine bestimmte Bedeutung zugemessen. Wer den Rauhnächten mit offenen Sinnen begegnete, konnte aus vielen Details Informationen für das folgende Jahr und das eigene Schicksal deuten. Dieser Glaube hat sich in dieser oder jener Form bis heute erhalten.

Die Menschen waren außerdem der Auffassung, dass sie die Rauhnächte nutzen konnten, um sich von einem Ereignis oder einer Tat aus dem vergangenen Jahr zu befreien. Dazu war die feste Vorstellung dessen erforderlich, um den Gegenstand der Auflösung gedanklich anschließend in helles, strahlendes Licht einzuhüllen, damit sich die Angelegenheit auflöse. Eine Variante war die Umwandlung in etwas Positives. Somit waren die Rauhnächte auch eine Zeit der Verwandlung und Transformation. Es hieß, jedem sei es in der Jahresnacht möglich, damit selbst Einfluss zu nehmen auf den Verlauf des neuen Jahres.

Eine magische Zeit des Übergangs

In der dunkelsten Zeit des Jahres zieht sich das Licht so weit zurück, dass sich die Tore in andere Gefilde öffnen. Wesenheiten der Anderswelt, der Unterwelt, der Seelen- und Geistwelt, Naturgeister und kraftvolle Energien können das Diesseits durchdringen. Kraftplätze gelten während der Rauhnächte als besonders aktiv, ungezähmte, ursprüngliche Kräfte des Chaos sind spürbar. Allem wohnt ein besonderer Zauber inne.

Es ist die 13. Zeit des Jahres. Die 13 hat in okkulten Überlieferungen, magischen Praktiken und der Mythologie seit jeher eine besondere Bedeutung - so besonders, dass sie den Weg in den Aberglauben gefunden hat. Hier gilt sie als Unglückszahl. Mythologisch und nach okkulter Auffassung entspricht sie dagegen einer höheren Ordnung oder Sphäre: Zwölf Phasen hat ein Kalenderjahr, es gibt zwölf Tierkreiszeichen und der Tag unterteilt sich in zwölf Tag- und zwölf Nachtstunden.

Die Quersumme der 13 ist 4, das ist die Zahl der Erde mit ihren vier Elementen, vier Jahreszeiten, vier Himmelsrichtungen. 4 ist die Zahl der irdischen, der materiellen Ordnung. Die 13 ist die 4 in einer höheren Sphäre, aus der die irdische Ordnung entsteht. Es ist die 13. Phase des Jahreszyklus, die Jahresnacht, die Zeit der ungezählten Tage oder die Nicht-Zeit, in welcher der Grundstein für die nächsten zwölf Monate gelegt wird, in der sich Schicksale entscheiden. Aus der 13 wird die neue 12 geboren und aus ihr ergibt sich die neue 4, die neue materielle Ordnung.

Die 13 ist das Chaos, aus dem Neues entsteht. Sie entspricht der Göttin, die in der Dunkelheit den Sohn des Lichts neu gebiert. Mit dem Wachstum des Lichts offenbart sich, was aus der 13, dem Chaos, der Dunkelheit, entstanden ist.

Damit dies alles geschehen kann, muss jedoch zunächst das Alte weichen, dem Neuen Platz machen. Die 13 ist daher auch eine Zahl der Zerstörung. Die Dunkelheit verschlingt das Licht, das irdische Leben kommt zur Ruhe, die Natur zieht sich in sich zurück. Es ist eine karge, kalte Zeit. Darum ist die dunkle Göttin nicht nur Inbegriff der Fruchtbarkeit, sondern auch der Zerstörung und des Todes. Im Christentum wurde die Dunkelheit in die Unterwelt verbannt und diese dunkle Seite der Göttin verteufelt. Ihre lichte, helle Seite wurde zur Heiligen Jungfrau, die den Erlöser durch eine unbefleckte Empfängnis zur Welt bringt.

Eingeweihte aller Zeiten stehen der dunklen Seite der Göttin völlig konträr gegenüber. Sie wissen um das Potenzial der Dunkelheit, des Chaos, der kosmischen Urenergie, der ungezähmten Naturkräfte. Sie sind sich über deren Wirken in den Rauhnächten als 13. Zeit des Jahres bewusst und ebenso der Chancen, die sich daraus ergeben. Es ist die dunkle Phase des Mondes, die das neue Licht ankündigt, die Dunkelheit der Wintersonnenwende, die die Wiederkehr des Lichts und neuen Lebens einläutet.

Reinigung und Befreiung

Zerstörung wird gerne negativ assoziiert, hat aber auch mit Loslassen, sich von Lasten befreien, zu tun. Was negativ empfunden wird und belastet, kann in der 13. Zeit des Jahres der Dunkelheit übergeben werden. Es ist eine magische Zeit, in der es sich anbietet, durch Räucherungen eine ätherische Reinigung vorzunehmen, den Kummer bildlich in eine Schale Wasser fließen zu lassen und ihn in der Dunkelheit der Nacht auflösen oder im hellen Mondschein transformieren zu lassen. Belastendes kann auf einem Zettel notiert werden, der in einer Kerzenflamme verbrannt wird. So löst es sich ins Feinstoffliche auf und steht dort wieder frei zur Verfügung, um Neues entstehen zu lassen. Ebenso können Wünsche an das Universum, die Göttin, durch das Feuer in die feinstoffliche Welt übergeben werden.

Für eine innere Reinigung bietet sich weiterhin die Meditation an. Das kann eine geführte Meditation sein, beim Lauschen ruhiger Musik erfolgen oder einfach, indem die Dunkelheit und Stille bewusst wahrgenommen wird.

Chakrenarbeit ist eine weitere wirksame Form der Reinigung, die in der Jahresnacht, der Zeit im Zeichen der 13, besonders effektiv sein kann.

Die Nacht der Wunder

Die Jahresnacht kann durchaus als eine Zeit voller Magie und Wunder beschrieben werden. Sie wahrzunehmen, erfordert allerdings, sich nicht in die bequeme Komfortzone zurückzuziehen: Die dunkle Jahreszeit wird gerne in den eigenen vier Wänden verbracht, drinnen wird das Licht eingeschaltet, um die Dunkelheit zu vertreiben, und Radio oder Fernseher übertönen die Stille. Möchten Sie die Magie der Dunkelheit spüren und die Stimme der Stille wahrnehmen, ist es auch notwendig, sich darauf einzulassen.

In alten Kulturen geben die Rauhnächte nicht nur Grund zu Furcht und Respekt vor den Wesenheiten der Anderswelt und dem Wirken der Nornen. Vielmehr wusste man auch, dass sich im Verborgenen etwas tut, das Schicksal gesponnen wird, dass genau jetzt die Zukunft entsteht. Dies konnte durchaus als Chance betrachtet werden, selbst zu dem Wirken in der Dunkelheit beizutragen, die Weichen für den neuen Jahrestag zu stellen, der Dunkelheit Samenkörner zu übergeben, auf dass sie im neuen Licht keinem, wachsen und Früchte tragen mögen.

Das bedeutet zugleich, dass die Rauhnächte nicht nur an sich voller spürbarer Magie und Wunder sind, sondern dass sie auch ausgezeichnet dazu geeignet sind, solche selbst zu bewirken. Dass die Tore zur Anderswelt offen stehen, erleichtert die Interaktion mit dem Feinstofflichen - denn das Feinstoffliche ist der Wirkungskreis der Magie.

Gleichermaßen wird klar, dass nicht strikt zwischen dunkler und heller oder schwarzer und weißer Magie unterschieden werden kann. Magie an sich ist neutral. Sie arbeitet mit Energien und wirkt auf energetischer Ebene, um sich in der materiellen Welt zu manifestieren. Die Absicht und Intention hinter magischem Wirken mögen sich unterscheiden, was Magie aber nicht gut oder böse macht.

Voll- und Neumondrituale sind in den Rauhnächten besonders kraftvoll. Die einen widmen sich der lichten, die anderen der dunklen Monderscheinung sowie der jeweils wirkenden Schwingungen, die sich natürlich unterscheiden. Der Dunkel- oder Schwarzmond ist jene Phase, die sich bestens dazu eignet, etwas aufzulösen oder einen Samen zum Keimen zu bringen. Der Mond repräsentiert die Fruchtbarkeit der Göttin in den Rauhnächten. Der Vollmond ist die Phase der Fülle, es wird das volle Licht der Sonne gespiegelt. Er ist aber auch ein Moment der Umkehr, denn er kündigt die abnehmende Phase an. Dazwischen zeigt der Mond sich in vielen Facetten, ebenso facettenreich ist das magische Wirken an sich.

Da Götter, Geister und Dämonen der Anderswelt in den Rauhnächten Zugang zum Diesseits der irdisch materiellen Welt haben, ist es einfacher, sie für das eigene Wirken um Unterstützung zu bitten. Sagen und Mythen künden davon, dass in den Rauhnächten zahlreiche Wesen wie Zwerge, Wichtel, Feen und Gnome umherstreifen und die Hexen auf ihren Besen durch die Lüfte fliegen.

Neumond in den Rauhnächten
(auch Schwarzmond genannt)

Das beschreibt nichts anderes, als die Öffnung der Anderswelt ins Diesseits einerseits und das magische Wirken andererseits: Fliegende Hexen praktizieren dies auf ihren Astralreisen oder das sich Begeben auf die Ebene der „luftigen“ Geister und Wesenheiten der feinstofflichen Welten. So ist es möglich, mit den jenseitigen Wesenheiten zu kommunizieren und zu interagieren, Zauber zu wirken und zu orakeln. Das Wirken eines Zaubers entspricht der Vorstellung von den Nornen, die die Schicksalsfäden spinnen und verweben.

Die Gelegenheit des erwähnten Stellens von Weichen, um Einfluss auf die Zukunft zu nehmen, findet sich symbolisch in Wegkreuzungen wieder. Von diesen heißt es, hier seien in den Rauhnächten die zukunftsweisenden Zeichen der Natur und auch aus der Anderswelt besonders deutlich. Allerdings ist es Aufgabe des Menschen, sie richtig zu deuten.

Als zukunftsweisend gelten auch Träume. Sie sind der Kontakt zum Unterbewusstsein, dem Unbewussten, welches im Gegensatz zum diesseitig orientierten Bewusstsein Zugang zu feinstofflichen Ebenen hat. Da die Schleier zur Anderswelt in den Rauhnächten dünner sind, erhält das Unterbewusstsein im Traum auch mehr oder deutlichere Eindrücke, die zukunftsweisend sein können oder Aufschluss über Dinge geben, die Sie bewegen.

Frau zur Zeit des Schwarzmondes in den Rauhnächten

In der Ruhe liegt die Kraft

Besinnen Sie sich auf den Ursprung, die eigentliche Bedeutung der Rauhnächte, ist Jahresnacht oder Nicht-Zeit eine treffende Bezeichnung. Es herrscht in dieser Übergangszeit zwischen Mond- und Sonnenjahr Stillstand. Der Jahrestag hält inne und erst nach Ablauf der Jahresnacht dreht sich das universelle Rad wieder weiter.

Es ist deshalb eine alte Tradition, das eigene Leben auf Erden dem anzupassen: Nichts darf sich drehen. Karren mit ihren Rädern wurden daher nicht bewegt, Mühlen standen ebenso wie Spinnräder still. Die alltäglichen Tätigkeiten und Arbeiten ruhten. Wohl dagegen durfte im Feinstofflichen gewirkt werden, es durften magische Zauber gesponnen und es durfte orakelt werden.

Die Kraft, welche die Menschen spürten, nahmen sie aus der Stille, dem Verharren auf. Sie richteten ihre Sinne nach innen, in die Dunkelheit, und waren so empfänglicher für die Energien um sie herum. Es ist eine alt überlieferte okkulte Weisheit, dass am Anfang der Geist, das Wort war. Wie die Göttin in der Jahresnacht das Licht aus der Dunkelheit ihres Schoßes gebiert und die Sonne in der dunkelsten Jahreszeit wieder geboren wird, stammt auch der göttliche Funke aus der Dunkelheit, welche die Gestirne, das Universum und schließlich alles irdische Leben in seiner ganzen Vielfalt hervorbrachte.

Der Geist entspricht dem Logos, dem Wort, aus der Stille hervorgehend. So schuf der biblische Gott durch sein Wort die Welt aus der Dunkelheit und der Stille des Nichts, das zugleich das Chaos ist. Das Nichts und das Chaos bergen unzählige Möglichkeiten, nichts ist vorherbestimmt. Aus dem Chaos entsteht die Ordnung: Der Begriff Chaos ist in diesem Sinne auf den *chaldäischen* Begriff *„Chajoth"* zurückzuführen, der das Ur-Leben, den Urspung allen Seins bezeichnet.

Die Ruhe und Stille, die in den Rauhnächten herrscht, ist also ein Quell der Kraft. Das Jahresrad steht still, die Zeit scheint stillzustehen. Die Menschen passten sich dem an und ließen alltägliche Tätigkeiten ruhen. Im Verborgenen, tief in der Stille und Dunkelheit, wirkt dagegen die Kraft wie Magie in der Jahresnacht, sie bringt neue Wunder hervor, und die Weisen nutzten dies, um ihre eigene Magie zu wirken.

Chaldäisch: Die Chaldäer waren ein semitisches Volk in Südmesopotamien im 1. Jahrtausend v. Chr.

Die Rauhnächte als Quell von Mythen, Legenden und Märchen

Da die Rauhnächte als Zeit betrachtet werden, in der die Schwelle aus der Anderswelt überschritten werden kann, verwundert es kaum, dass sie der Quell von allerlei Mythen, Legenden und Märchen sind. Wohl am bekanntesten ist Odin, der mit seinem Heer der gefallenen Krieger seine Wilde Jagd veranstaltet. Auch seine Gefährtin Frigg oder Freya ist dabei, sie lässt ihre üblichen Tätigkeiten ruhen, und schließt sich, eine Peitsche in der Hand tragend, dem Heer an. Als Frau Holle hat die dunkle Göttin Einzug in die Märchenwelt erhalten, als Hel entsteigt sie der Unterwelt, im süddeutschen Raum und Österreich ist sie noch heute als Perchta bekannt.

Neben den Göttern und den Seelen der Verstorbenen wird das Heer von Tiergestalten begleitet: Mit von der Partie sind Odins achtbeiniger Hengst Sleipnir, seine Wölfe Geri und Freki sowie die Raben Hunin und Munin. In der Mythologie ist es Odin, der zuerst über die Grenze der Anderswelt stürmt, um dann anderen Wesenheiten und Geistern ebenfalls die Tore zu öffnen.

Recht bekannt sind daneben die Nornen, die im Auftrag von Freya oder Hel die fein gesponnenen Fäden zu *Wyrd*, dem Schicksal der Menschen, verweben.

Hel spielt neben Odin eine wichtige Rolle in den Rauhnächten. Im Gedächtnis ist sie neben Frau Holle noch in aktuellen Traditionen rund um Perchta geblieben - beispielsweise in den *Perchtenläufen*.

Odin auf seinem achtbeinigen Hengst „Sleipnier" bei der „Wilden Jagd"

Die Wilde Jagd

Anführer der Wilden Jagd, die durch die Lüfte tobt, ist Odin oder Wotan - je nach Kultur. Gelegentlich wird die Wilde Jagd als Höllentreiben bezeichnet, da sich ihr die Wesen der Unterwelt oder Anderswelt anschließen. Das Heer des Odin besteht aus den Seelen gefallener Krieger, die die Ehre haben, ihm in *Walhall* Gesellschaft zu leisten. Sie sind es auch, die ihm am Weltenende, dem Weltenbrand der Edda, zur Seite stehen.

Der Hintergrund dessen ist *Ragnarök*, die Götterdämmerung: Diesbezüglich heißt es, die Riesen würden sich gegen die Götter vereinen und gegen *Asgard*, ihren Wohnsitz, vordringen. Die Riesen stehen für die rohen, ungezähmten Kräfte der Natur und des Universums. Die Götter sind dagegen jene, die sie in Schach halten, sie sind die geordneten Kräfte und sorgen dafür, dass diese Kräfte die Welt der Menschen bestimmen.

Wyrd: Germanischer Begriff, der das allgemeine Geschick oder das Schicksal beschreibt, primär das der Menschen.

Perchtenläufe: Lärmende Umzüge mit verkleideten Dämonen sowie wilder und zahmer Tiere. Die Perchtenläufe finden bis heute in Österreich, Südtirol, der Schweiz und im Süden Deutschlands statt.

Walhall: Auch *Valhall*, Walhalla ist in der nordischen Mythologie der Ruheort der in einer Schlacht gefallenen Kämpfer, die sich als tapfer erwiesen haben.

Ragnarök: (**altnordisch „Schicksal der Götter“**) ist die Sage von Geschichte und Untergang der Götter (Weltuntergang) in der Nordischen Mythologie.

Asgard: (**altnordisch Ásgarðr „Heim der Asen“**) ist sowohl nach der Edda der Wohnort des Göttergeschlechts der Asen.

Frau Holle - Gemälde von Otto Ubbelohde 1906

Weiter ist überliefert, dass die Wölfe an Ragnarök Sonne und Mond verspeisen, wodurch das Chaos in Gestalt der *Midgardschlange* ausbricht. Odin zieht deshalb mit seinem wilden Heer in die Schlacht. In diesem Mythos finden Sie Parallelen zu den Rauhnächten, die nach keltischer Auffassung mit dem der Wintersonnenwende am nächsten gelegenen Schwarzmond beginnen. Dies ist die Jahresnacht, in der die Erde in die allertiefste Dunkelheit getaucht ist. Die Sonne hat ihren schwächsten Punkt erreicht und nicht einmal dieses wenige Licht wird durch den Mond reflektiert.

Eine Deutung ist, dass alljährlich in den Rauhnächten Odin mit seinem Heer auszieht, um für Ragnarök oder den Weltenbrand zu üben.

Midgardschlange: Auch ***Weltenschlange***. In der germanischen Mythologie eine die Welt (Midgard) umspannende Seeschlange, die im Urozean lebt.

Die Midgardschlange

Eine andere Interpretation benennt die Rauhnächte selbst als Ragnarök oder aufgrund des Todesschlafs der Sonne, der Götterdämmerung, als Wolfszeit. Es herrscht Dunkelheit, die Welt und alles Leben scheint stillzustehen. Die Wölfe haben Sonne und Mond verschlungen und die Tore zur Anderswelt sind offen. Ihre Wesenheiten können sich ungezügelt in der Welt der Menschen umhertreiben.

Nun geht es darum, die gewohnte Ordnung wiederherzustellen, das Jahresrad wieder in Bewegung zu versetzen. Das Licht der Sonne soll wieder geboren werden, um neues Leben auf Erden zu ermöglichen. In ihrem hellen Schein wird sich zeigen, was in den Rauhnächten in der Dunkelheit gesät und geboren wurde - Wyrd, das fein gewobene Schicksalstuch, wird sich offenbaren.

Im Volksglauben herrscht bisweilen die Meinung vor, dass die Menschen sich tunlichst vor der Wilden Jagd zurückziehen und in ihren Häusern bleiben sollen. Wer Odin und seinem Heer begegnet, könnte mitgerissen werden oder es könnten einen Krankheiten heimsuchen. Von den durch den Anblick der Wilden Jagd empfangenen Missgeschicken könne man erst nach einem Jahr Erlösung erwarten - in den nächsten Rauhnächten, der nächsten Zeit der Läuterung, Reinigung und Selbstbesinnung. Dann könne durch Gaben der Wilde Jäger und sein Gefolge gnädig gestimmt werden, die Last würde abfallen und man könne unbefleckt den kommenden Jahrestag erwarten.

Letzte Phase von Ragnarök,
Surt hat die Welt in Brand gesteckt
Gemälde von Emil Doepler 1905

Hel - Schutzpatronin und Seelenführerin

Viele Mythen ranken sich um Odin, doch es gibt auch Versionen weiblicher Anführerinnen des Wilden Heeres. Dabei tun sich vor allem Hel und Perchta namentlich hervor. Hel entstammt der Unterwelt und dort sind die Seelen, auch die der Verstorbenen, ansässig. Bei Odin werden nur jene aufgenommen, die sich durch besondere Tapferkeit in der Schlacht ausgezeichnet haben und gefallen sind.

Als märchenhafte Frau Holle tritt Hel streng, aber gerecht in Erscheinung. Sie belohnt ehrenhafte, regsame und fleißige Menschen, unehrenhaft handelnde und faule Menschen verstößt oder bestraft sie.

Das drückt in einfacher Weise die Aufgabe der Hel aus, die als Seelenführerin ihre Schützlinge anleitet: Die Seelen der Verstorbenen unterstützt sie bei der Vorbereitung auf die Wiedergeburt, für die Lebenden fungiert sie als Schutzpatronin. In den Rauhnächten tritt sie besonders in Erscheinung, da es eine Zeit der inneren Reinigung ist. Die Menschen sollen alles ruhen lassen und sich auf das Wesentliche besinnen, auch in und bei sich selbst. Sie sollen die Seele zu Wort kommen lassen und alle Eindrücke mit der Seele wahrnehmen.

Zugleich bietet Hel Schutz vor den Wesenheiten der Anderswelt, vor allem vor jenen, die durch Schabernack die Menschen irreführen möchten. Unter Anleitung der Hel soll es möglich sein, selbst Kontakt zum Jenseitigen aufzunehmen in der Jahresnacht, vielleicht zu den Ahnen.

Allerdings könnten irregeleitete Seelen Verstorbener ebenso wie Dämonen bei der Gelegenheit versuchen, sich dieser Menschen zu bedienen, damit ihnen die Tore zum Diesseits nicht wieder verschlossen werden.

Umgekehrt sollen aber auch die Menschen nicht im Jenseitigen hängen bleiben. Sie sollen sich ihrer selbst, ihrer Seele, der Unterwelt gewahr werden und daraus für die Oberwelt, für ihre Lebensgestaltung lernen. Sie sollen sich von Lasten und Pein befreien, sodass die Seele frei für ihre Entfaltung ist und sich das Positive im neuen Jahr im irdischen Leben manifestieren kann.

Perchta - Dämonin oder jungfräuliche Schönheit?

Die Legenden um Perchta sind aus verschiedenen alten Überlieferungen entstanden, weshalb ihr Erscheinungsbild je nach Tradition variiert sowie auch die ihr zugeschriebene Rolle.

Sie gilt anstelle von Odin als Anführerin der Wilden Jagd oder reitet wie dessen Gemahlin Freya an seiner Seite. Daneben weist sie Aspekte der griechischen Göttin *Hekate* auf, die Wegkreuzungen heimsucht und von wilden Tieren begleitet wird. Sie ist außerdem in der Zauberkunst bewandert.

Hekate: In der griechischen Mythologie die Göttin der Magie, der Theurgie und der Nekromantie (Totenbeschwörung). Sie ist die Göttin der Wegkreuzungen, Schwellen und Übergänge, die Wächterin der Tore zwischen den Welten.

Von Perchta ist auch überliefert, dass sich in ihrer Begleitung Seelen in Tiergestalt befänden, andernorts sind es die Seelen ungeborener Kinder. Dies ist derart zu verstehen, dass es sich durchaus um alte Seelen handeln kann, die nicht als Kinder verstorben sein müssen, sondern die auf ihre Wiedergeburt warten und dann den Körper eines neu geborenen Kindes beseelen.

Im Volksglauben, geprägt durch die Christianisierung, hat Perchta die Seelen ungetaufter Kinder um sich geschart, die keinen Einlass ins himmlische Paradies bekommen. In den Rauhnächten irren sie unter Führung von Perchta ruhelos umher. In einer weiteren Auffassung befinden sich Dämoninnen in ihrem Gefolge, die es auf die Seelen unschuldiger Kinder abgesehen haben.

Völlig konträr zu der eher wilden Erscheinung der Perchta wird sie aber auch als sagenhafte, anmutige Gestalt beschrieben, die den Tanz beherrscht und Männern den Kopf verdreht. In einer Variation übertreibt sie es mit exzessiven Tänzen auf einem winterlich vereisten See, wo sie einbricht und ertrinkt. Für diese Maßlosigkeit muss sie ihr Dasein fortan in der Hölle fristen. Nur einmal jährlich, vom 5. auf den 6. Januar, der Perchtnacht, darf sie die Hölle verlassen und tanzt dann im Diesseits durch die Lüfte.

Den unterschiedlichen Legenden zufolge wird Perchta entweder als zerlumptes, in Felle gehülltes Wesen, als wahre Schönheit, als Kriegerin oder gebeugte, alte Frau mit unansehnlichen Zügen dargestellt. Gelegentlich wird sie als Dämonin beschrieben.

Wegkreuzung - oft heimgesucht von den Göttern

Die einen erwarten ihr Auftreten, unabhängig von ihrer Erscheinung, mit Furcht vor ihrer dunklen Macht, andere erhoffen ihren Segen zum Abschluss der Rauhnächte, wenn sich die Geister und Dämonen der Anderswelt wieder zurückziehen müssen. Im Alpenraum halten die Perchtenläufe die Mythen um dieses doch eher geheimnisvoll anmutende Wesen lebendig. Sie dienen dem Zweck, die Wesenheiten der Anderswelt sowie die Dunkelheit zu vertreiben. Die Menschen gehen dazu auf die Straße, teilweise mit Masken oder Fellen bekleidet. An manchen Orten ist der Umzug von Lärm oder Glockengeläut begleitet, an anderen Orten herrscht Schweigen - Fackeln erhellen die Nacht und Lärm darf erst im Anschluss, nach dem Perchtenlauf, veranstaltet werden.

Perchtenlauf

Wolfsnächte

Odins Wölfe Geri und Freki, der Gierige und der Gefräßige, sind immer an seiner Seite und begleiten auch das Wilde Heer in den Rauhnächten. Ob sie die beiden Wölfe sind, die Sonne und Mond an Ragnarök verschlingen, geht aus der Mythologie nicht eindeutig hervor - es gibt hierzu unterschiedliche Interpretationen. Im Hinblick auf die verschwindende Sonne und den dunklen Schwarzmond ist die Bezeichnung Wolfsnächte dagegen eindeutig. Ein anderer Grund mag sein, dass sich in der kargen, dunklen Jahreszeit vermehrt Wölfe auf Nahrungssuche den menschlichen Siedlungen näherten. Ihr Heulen war in der Dunkelheit zu hören, was sicher bisweilen unheimlich und dämonisch klang.Die Tiere in den Ställen mussten sowohl vor Wölfen als auch vor Dämonen geschützt werden.

Dass in den Rauhnächten die Tore zur Anderswelt offenstehen und die Seelen der Verstorbenen Zugang zum Diesseits haben, ist ein weiterer Hinweis auf die Bedeutung des Begriffs Wolfsnächte: Wölfe stehen im heidnischen Glauben eng in Verbindung mit dem Ahnenreich.

Denken Sie an den sogenannten Höllenhund der griechischen Sage, der den Eingang zum Totenreich bewacht, so finden Sie darin eine Analogie zur Rolle der Wölfe, die in den Rauhnächten ganz besonders zum Tragen kommt, denn die Wölfe begleiten Odins Totenheer. Die Darstellung der Zwillingswölfe, stellvertretend für die Sommer- und Wintersonnenwende, ist noch immer über einigen Kirchenportalen zu sehen. Manchmal sind es Mischwesen zwischen Wolf und Drachen.

Wolfsnächte

Sie blicken einander an und wachen über die Wendepunkte des Jahres, fungieren als Hüter der Schwelle. Im Volksglauben waren ebenfalls Mischwesen bekannt.
Unlautere verstorbene Menschen stellte man sich ebenso wie Menschen, die sich mit den Kräften der Dunkelheit einließen, als Werwölfe vor. Auch von einigen Dämonen wurde angenommen, dass sie als Gestaltwandler bei dem Versuch, menschliche Gestalt anzunehmen, als Werwölfe erscheinen konnten. Aufgrund des dünnen Schleiers zur Anderswelt sollten Werwölfe in den Rauhnächten zahlreich in der Dunkelheit umherstreifen und sehr machtvoll sein.

Naturgeister und Naturerscheinungen

Die Grenze zur Anderswelt ist dünner, jenseitigen Wesenheiten und Kräften ist der Zugang zum Diesseits offen. Da diese in die irdische Welt der Menschen eindringen, können Menschen sie intensiver wahrnehmen. Das gelingt am besten, indem Sie innerlich und äußerlich zur Ruhe kommen, was die Wahrnehmungsfähigkeit steigert. Daneben gibt es Überlieferungen von unwillkürlich wahrnehmbaren Naturerscheinungen.
In Anbetracht tosender, stürmischer Winde, die um das Haus pfeifen und allerlei Gegenstände in die Luft wirbeln, fällt es nicht schwer, sich tobende Geister in der Luft vorzustellen: Sie heulen, schreien und jauchzen in den Winterstürmen und was der Geisterschar im Weg ist, wird mitgerissen.

Sagen und Legenden berichten von solchen Luftstimmen, die zu hören sind, wenn Sie dem Wind lauschen. In ruhiger Naturumgebung sollen solch stimmartige Töne in den Rauhnächten aus unterschiedlichen Richtungen, mal näher, mal ferner, zu vernehmen gewesen sein. Wer vermochte, sie zu verstehen, konnte etwas über die Zukunft erfahren oder war auf den geplanten Schabernack der Geister vorbereitet.

Den Naturgeistern brachten die Menschen Gaben dar. Das diente dazu, sie friedlich zu stimmen, um ihren Beistand zu erbitten und damit sie eine reiche Ernte schenkten. Mit offenen Sinnen ist auch ihr Raunen zu hören, besagt der Volksglaube.

Erscheint Ihnen um Sie herum alles wie immer, achten Sie während der Rauhnächte auf Ihre Träume, denn in dieser Zeit sind Sie empfänglich für die Botschaften der feinstofflichen Wesen. Es kann außerdem Zeichen am Wegesrand geben, die von Naturwesenheiten hinterlassen wurden.

An Kraftplätzen sollen sie viel deutlicher zu spüren oder zu sehen sein als in der übrigen Zeit des Jahres.

Aus der der griechischen Mythologie sind die Kalikanzari (Kobolde) bekannt, die das ganze Jahr über in der Unterwelt an den Wurzeln des Weltenbaums sägen. Der Weltenbaum entspricht dem Lebensbaum. Indem die Kobolde ihn an der Basis zerstören, hoffen sie, dass er fällt, die Welt in den Abgrund stürzt, die Lebenskraft auf Erden versiegt.

Dies ist gleichbedeutend mit dem Zyklus des Jahresrades: Sobald es mit der Geburt der Sonne beginnt, sich zu drehen, bewegt es sich unaufhörlich auf die nächste Wintersonnenwende zu, in der die Dunkelheit siegt und das Leben zum Stillstand kommt: Sobald die dunkelste Zeit des Jahres auf Erden angebrochen ist, in der griechischen Überlieferung als *„Sonnenstillstand"* bezeichnet, kommen die Kobolde aus der Unterwelt gekrochen und suchen die Erde heim. Sie spielen den Menschen Streiche und sorgen für allerlei Ungemach. Was sie vertreiben könnte, wäre Licht. Doch die Menschen lassen sie gewähren und ziehen sich zum eigenen Schutz zurück, um nicht die Aufmerksamkeit der Kobolde auf sich zu ziehen.

Denn sie wissen, dass sich die Wurzeln des Welten- oder des Lebensbaumes erholen, während die Kobolde auf der Erde ihr Unwesen treiben. Nur dann kann die Lebenskraft erneut nach oben steigen, in die irdische Welt. Am Ende der Rauhnächte ziehen sich die Kobolde wieder in ihr unterirdisches Reich zurück, dann hat sich der Lebensbaum aber bereits wieder regeneriert. Der neue Zyklus beginnt: Das Jahresrad beginnt erneut, sich zu drehen, die Sonne steigt immer höher an den Himmel, spendet zunehmend Licht und Wärme, das Leben auf der Erde gedeiht wieder. Die Kobolde sägen unterdessen an der genesenen Basis des Weltenbaumes, bis sich die Lebenskraft wieder von der Erde zurückziehen muss und die nächste Phase der Dunkelheit naht.

Der Weltenbaum (Lebensbaum)

Orakel, Wahrsagungen und sprechende Tiere

Dass Tiere auf ihre ureigene, beeindruckende Weise fühlen, denken und sprechen können, davon sind Schamanen, Tierkommunikatoren und einige sensitive Menschen überzeugt. In den Rauhnächten um Mitternacht, so besagt der Volksglaube, sprechen Tiere tatsächlich mit menschlicher Stimme und in menschlichen Worten. Unter anderem würden sie sich über die Zukunft austauschen. Der Mensch allerdings, dem die Worte der Tiere zu Ohren kämen, würde ein Unglück erleiden.

Besonders deutlich seien die Tiere in der *Thomasnacht*, direkt zur Wintersonnenwende, vernehmbar. Sprechen würden sie aber in der gesamten Jahresnacht und hätten in dieser Zeit auch die Möglichkeit, sich bei einem Hausgeist über ihren Besitzer auszulassen. Dieser tat daher gut daran, sich das ganze Jahr über gut um sein Vieh zu kümmern und es nicht zu misshandeln: Denn würden die Tiere dem Hausgeist in den Rauhnächten davon erzählen, müsste er dessen Strafe fürchten.

Natürlich wollten die Menschen etwas über ihr Schicksal im kommenden Jahr erfahren. Um sich des Nachts im Stall zu verstecken, bedurfte es eines guten Schutzes. Es gab aber weitere Orakelbräuche und auch den zwölf oder dreizehn Rauhnächten selbst wurden spezifische Bedeutungen zugeordnet, die Aufschluss über die Zukunft geben konnten.

Thomastag: 21. Dezember. Dieser Tag ist in der evangelischen und anglikanischen Kirche (seit 1970 jedoch nicht mehr in der römisch-katholischen Kirche) der Gedenktag des Apostels Thomas, der einer der zwölf Jünger Jesu war.

Mythen um sprechende Tiere

Es ist unklar, woher die Überzeugung stammt, Tiere würden in den Rauhnächten in der Sprache der Menschen sprechen. Möglicherweise sind einige Menschen in dieser Zeit, in der die Schleier dünn sind, lediglich besser in der Lage, sie zu verstehen. Schamanen und andere heidnisch oder esoterisch Orientierte vermögen das ganze Jahr über mit Tieren in Kontakt zu treten und mit ihnen zu kommunizieren. Dazu begeben sie sich jedoch auf die Ebene der Tiere, in die Welt der Seelen.

Denkbar wäre auch, dass sich das Sprechen der Tiere eigentlich auf Gestaltwandler bezog. Wesenheiten aus der Anderswelt sollten Tiergestalten annehmen können oder auch als Mischwesen auftreten. Dasselbe wurde von Schamanen angenommen. Das Annehmen einer Tiergestalt erfolgt jedoch eigentlich auf der feinstofflichen astralen Ebene. Im Diesseits verändern die Betroffenen durch Masken, Federn, Felle und Bemalung ihre Gestalt.

In Orakelbräuchen und Ritualen verkündet der Eingeweihte in Tiergestalt den Menschen, was er über die Zukunft empfangen hat oder was ihm die Tiere verraten haben.

Eine dritte Alternative sind Totemtiere oder Clantiere, die als eine Art Schnittstelle zur Welt der Geister fungieren. Über diese kann Kontakt mit dem Jenseitigen hergestellt werden. Gelegentlich stehen sie für eine bestimmte Gottheit, von der es hieß, sie würde sich bisweilen in der entsprechenden Tiergestalt zeigen.

Derartiges ist aus alten ägyptischen Abbildungen bekannt, in welchen die Götter als Mischwesen mit tierischen Merkmalen dargestellt werden. Ähnliches ist von den Kelten und Germanen überliefert - der nordische Gott **Loki** zeigt sich gelegentlich als Stute.

Vielleicht sind es aber tatsächlich die Tiere, die zu vernehmen sind, oder jede der Erklärungen ist zutreffend und es richtet sich nach der jeweiligen Kultur, was geglaubt und praktiziert wurde. Für viele westliche Menschen ist es sicher einfacher, sich auf die Tiere in der Umgebung einzulassen, als sich mit Maske und Fellen bestückt in Ekstase zu versetzen.Ein ruhiges Ambiente und Räucherungen können dabei helfen, sich in eine aufnahmebereite Stimmung zu versetzen, um in der Stille zu lauschen, was die Tiere zu sagen haben. Manchmal sind es auch einfach nur plötzliche Gedanken oder Gefühle beim Anblick eines Tieres, die Ihnen seine Botschaft übermitteln. Da das Unterbewusstsein im Traum die Regie hat, können Sie hier ebenfalls Tieren begegnen, die zu Ihnen sprechen. Vermögen Sie es, die gesteigerten feinstofflichen Energien in den Rauhnächten zu erspüren und sich ihnen zu öffnen? Vielleicht vernehmen Sie dann auch am Tag die Stimmen der Tiere. Offen ist der Wahrheitsgehalt, denn auch Geistwesen können in den Rauhnächten Tiergestalt annehmen und die Menschen mit ihren Botschaften irreleiten wollen. Die Seele weiß, solche Irreführungen zu erkennen, während sich das Bewusstsein täuschen lässt. Bei den nordischen Völkern waren vor allem Ochsen und Pferde während der Rauhnächte recht gesprächig.

Loki: Figur aus der eddischen Dichtung. Loki gehört zu den Asengöttern, obwohl er der Sohn eines Riesen ist. Des Weiteren ist er der Blutsbruder Odins. Er ist der vielseitigste aller Götter, aber auch der mit den negativsten Eigenschaften.

Das mag daran liegen, dass diese Tiere in vielen Ställen anzutreffen waren. Sie erzählten sich von kommendem Glück oder Unglück, sprachen darüber, was die Zukunft bringen würde, enthüllten den Menschen Verborgenes und Geheimnisvolles.

Deutungsarten der Rauhnächte

Die wohl bekannteste Deutungsart ist die Zuordnung der jeweiligen Rauhnacht zu einem Monat des kommenden Jahres. Die erste Rauhnacht gibt Enthüllungen über den Januar preis, die zweite über den Februar, und so fort, die zwölfte schließlich über den Dezember.

Solche Enthüllungen können sich auf jeden Lebensbereich beziehen. Sie betreffen das persönliche Schicksal, wichtige Ereignisse, das Wetter, die Ernte, die Gesundheit und vieles mehr. Zu deuten sind die Rauhnächte anhand der Geschehnisse und Zeichen der Tage und der Nächte, vor allem auch anhand der Träume.

Es gibt noch detailliertere Deutungsweisen, zum Beispiel jene, dass Träume vor Mitternacht sich auf die erste Monatshälfte, Träume nach Mitternacht sich dagegen auf die zweite Monatshälfte beziehen. Unterteilen Sie den Tag von 0 bis 24 Uhr in zwölf jeweils zweistündige Einheiten, stehen die ersten beiden Stunden des Tages für den Januar, die zweiten für den Februar, die letzten beiden für den Dezember. Diese Betrachtungsweise wird bevorzugt angewandt, wenn bestimmten Rauhnächten eine besondere Bedeutung zugeordnet wird, etwa dem 21. und/ oder dem 25. Dezember, Silvester und dem 6. Januar.

Weitere Wahrsage- und Orakelpraktiken

Runenkundige zogen in jeder Rauhnacht eine Rune oder warfen die Runen. Die Herausforderung dabei ist das Deuten der Rune oder des erhaltenen Runenbildes in Bezug auf das folgende Jahr. Andere Menschen suchten des Nachts Wegkreuzungen auf und erhofften sich, dort ein Zeichen zu erhalten. Das Flammenspiel eines Feuers konnte vage Bilder und Eindrücke der nahenden Zukunft übermitteln, vor allem Frauen wählten stattdessen den Blick in eine mit Wasser gefüllte Schale. Dies gleicht einer Innenschau und einem Sich-Öffnen der elementaren Energien, denen auch spezifische Naturgeister angehören.

Ein Vorläufer des Blei- und Wachsgießens ist die Zukunftsschau mittels Eiern. In jeder Rauhnacht wurde ein Ei aufgeschlagen und der Inhalt in eine Schale gegeben. Darin war die Zukunft in Bildern und Symbolen für den zugehörigen Monat abzulesen und zu deuten. Ein wenig hingen die Praktiken davon ab, was den Menschen zur Verfügung stand. Wer Vieh besaß, konnte versuchen, ihren Gesprächen zu lauschen oder hoffen, dass sie direkt zu einem sprachen.

Satz von Runen mit Namen zum Runensymbol

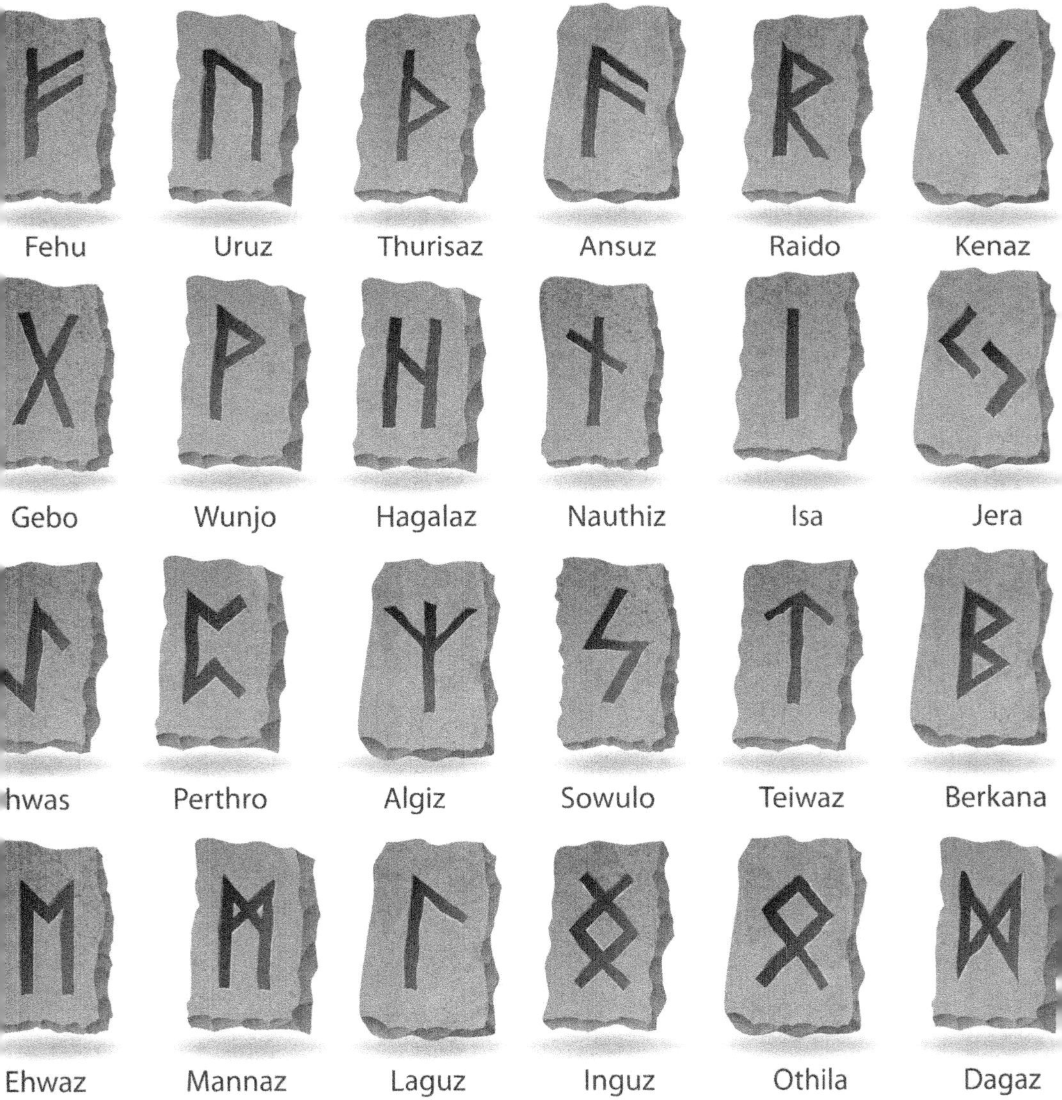
Fehu
Uruz
Thurisaz
Ansuz
Raido
Kenaz
Gebo
Wunjo
Hagalaz
Nauthiz
Isa
Jera
hwas
Perthro
Algiz
Sowulo
Teiwaz
Berkana
Ehwaz
Mannaz
Laguz
Inguz
Othila
Dagaz

Runen konnte sich jeder selbst fertigen, doch nicht jeder vermochte, sie richtig zu deuten. Wer keine Eier besaß, bediente sich eventuell Mehl, das er in eine flache Schale mit Wasser rieseln ließ, um Bilder zu erhalten. Auch das Aufsuchen von Kraftplätzen war beliebt.
Wer nicht nur etwas über die Zukunft erfahren wollte, sondern auch versuchen wollte, gezielt Einfluss zu nehmen, nutzte gleichermaßen die Rauhnächte. Mittel dazu waren Runenzauber und Wünsche oder Vorsätze, die dem Feuer übergeben wurden.

Rituale und alte Bräuche der Rauhnächte

Die Rauhnächte entsprechen dem mythologischen Kampf zwischen Licht und Dunkelheit, der in abgewandelter Form in allen alten Kulturen auftaucht. Dieser Kampf zeigt sich im Außen, da die Sonne am wenigsten Licht spendet und der Dunkelheit Raum lässt, um diese anschließend zu überwinden, da ihr Licht wieder stärker wird. Analog haben sich die Menschen von der Dunkelheit zurückgezogen, sich auf das Wesentliche besonnen, auch auf den eigenen inneren Lichtfunken. Es ist eine Zeit des Loslassens, um Raum für Neues zu schaffen, damit das innere und äußere Licht erneut erstrahlen und Wachstum bringen kann.

Daran orientieren sich alte Bräuche und Rituale ebenso wie sie das Treiben der Geister berücksichtigen, die die Schwelle der Anderswelt überschritten haben. Den Göttern, Geistwesen und Elementarkräften wurden Gaben in Form von Speisen dargebracht, den Seelen der Verstorbenen wurde durch das Licht von Feuern und Rauch gehuldigt.

Ein üblicher Brauch war das Ausräuchern von Haus und Ställen. Das diente der Reinigung und zugleich dem Schutz, daneben waren Räucherungen eine energetische Gabe an die Ahnen. Geräuchert wurde, was zur Verfügung stand, oft Salbei und Wacholder. Nach der Reinigung wurden Feuer entzündet, die Schutz vor übelwollenden Wesenheiten bieten und das neu erwachende Licht der Sonne stärken sollten, auf dass es ein fruchtbares, ertragreiches neues Jahr werde.

Zu diesem Zweck wurden ausgewählten Göttern wie Hel und Frigg oder Freya sowie den Schicksalsnornen besondere Gaben dargebracht.

Häuser wurden als Symbol der Unvergänglichkeit des Lichts und des Lebens mit immergrünen Pflanzen wie Misteln, Efeu, Stechpalme oder Tannenzweigen geschmückt. So wurde auch mit dem Julbock oder Julbaum verfahren - ein im Wald geschlagener Holzstamm, der geschmückt und entzündet wurde, um in den zwölf Rauhnächten abzubrennen. Ein Überbleibsel dessen sind die Sonnenwendfeuer. Die zurückbleibende Asche des Julbaums diente dazu, in der letzten Rauhnacht schützende Runen und Zeichen wie den Drudenfuß an Häuser und Stallungen zu zeichnen. Sie sollten im folgenden Jahr Krankheit und Unglück fernhalten.

Einige Menschen, vor allem die Eingeweihten, suchten gezielt die Einsamkeit, um Zwiesprache mit der Natur und den Kräften um sie herum zu halten. Sie wollten Erkenntnisse erhalten, was auf sie und die Menschen des Dorfes zukommen würde. Gleichermaßen war es eine Art Läuterung, sich neuen Wegen zu öffnen.

Runen und Wünschelruten, die in den Rauhnächten gefertigt wurden, sollten besonders kraftvoll sein, da sie direkt unter Einwirkung der Energien der Anderswelt standen. In den Rauhnächten gebundene Besen vermögen nicht nur das Haus von materiellem Schmutz zu säubern, sondern auch, Krankheiten und böse Geister zu vertreiben, so hieß es.

Bräuche im Volksglauben

Das Aufräumen und Reinigen des Hauses in den Rauhnächten selbst galt als Unglück bringend, da sich Dämonen in Schmutz und Unordnung wohlfühlen und dort lauern konnten. Daher wurden alle Reinigungsarbeiten vor der Wintersonnenwende erledigt. Wer sich etwas geliehen hatte, sollte dies ebenfalls noch vor den Rauhnächten zurückgeben, damit in der Zeit der Neuorientierung und Neustrukturierung alles im Reinen sei. Die Räder mussten still stehen, es wurde keine Wäsche gewaschen und kein Laken zum Trocknen oder Lüften aufgehängt. Im Haus wurde darauf geachtet, sich leise und besonnen zu bewegen, um nicht die Aufmerksamkeit lärmender, Unfrieden stiftender Geister zu erregen. Wollte man sich von Altem trennen, wurde es im Feuer verbrannt. Das konnte auch geschehen, indem etwas in der Vorstellung oder symbolisch dem Feuer übergeben wurde.

Kinder, die in den Rauhnächten zur Welt kamen, konnten hellsichtig sein, es bestand aber im allgemeinen Glauben auch die Gefahr, am Morgen einen **Wechselbalg** vorzufinden.

Aus Furcht, dem Wilden Heer zu begegnen und von ihm ergriffen zu werden, blieben die meisten Menschen des Nachts in ihren Häusern oder auf ihren Höfen. Sie saßen bei Fackel- oder Feuerschein zusammen, sprachen über Vergangenes, ehrten die Ahnen, speisten gemeinsam und bedachten die Götter mit Gaben vom Tisch. Die Zukunftsschau hatte einen hohen Stellenwert. Wer sich wagte, suchte eine Wegkreuzung auf, wo sich in der Vorstellung Hexen und Wesenheiten der Anderswelt umtrieben. Erhofft wurde, dass sie die Zukunft offenbaren mögen, sie konnten die Menschen aber auch irreleiten.

Wechselbalg: Der Wechselbalg war im Aberglauben des europäischen Mittelalters ein Säugling, der einer Wöchnerin durch ein dämonisches Wesen im Austausch gegen ihr eigenes Kind mit der Absicht untergeschoben wurde, die Menschen zu belästigen und ihnen zu schaden.

Der Teufel tauscht ein Baby gegen einen Wechselbalg aus
Gemälde: Martino di Bartelomeo 15. Jahrhundert

So besinnlich die Rauhnächte begannen, so konnten sie schließlich auch mit ausgelassenem Feiern ihr Ende finden: Es war an der Zeit, die Sonne wieder zu begrüßen, die Dunkelheit mit ihren Wesenheiten der Anderswelt zurückzuschicken, einem neuen, fruchtbaren Jahr entgegenzublicken. Der Brauch ist noch immer in einigen Gegenden üblich. Mit Glockengeläut, Trommeln, Fackeln, Lärmen und Jubeln werden Umzüge veranstaltet, um die Geister zu vertreiben. Je nach Gebiet heißen die Umzüge Perchtenläufe und je nach Überlieferung sind wilde Verkleidungen üblich oder es stehen die schönen Frauen im Mittelpunkt des Geschehens. Das Silvesterfeuerwerk verabschiedet ebenfalls das alte Jahr, um das neue zu begrüßen.
In einigen Gegenden Norddeutschlands hat sich der sogenannte Rummelpott zu Silvester als Überbleibsel der Rauhnacht-Bräuche erhalten. Die Jugend zieht bei Dunkelheit durch die Straßen, auf einen Topf (Pott) schlagend (rummeln). Der Lärm vertreibt die Geister und an den Häusern erhalten die Rummelpott-Gänger zum Dank Speisen und Getränke, nachdem sie den Bewohnern ein Gedicht oder Lied vorgetragen haben.
Ein anderer norddeutscher Brauch ist es, zu Beginn der Rauhnächte die Umgebung zu durchstreifen und alles, was Räder hat, mitzunehmen und an einem Platz gesammelt abzustellen, auf dass sich kein Rad in dieser Zeit mehr drehe.

Zeit für die Seele - Altes loslassen, sich Neuem öffnen

Der Stillstand und die Dunkelheit der Jahresnacht im Außen eignen sich wunderbar, sich Zeit für sich selbst und vor allem für die Bedürfnisse der Seele zu nehmen. Oft kommt unsere Seele im übrigen Jahr zu kurz, geht unter im Trubel und in den Verpflichtungen des Alltags. Die Regeneration und Erneuerung in der Natur sind eine Chance für den Menschen, sich dieser Erneuerung im Einklang mit dem Rhythmus des Lebens anzuschließen.

Es ist zugleich die Chance, Körper, Seele und Geist in Einklang zu bringen sowie für eine äußere und innere Reinigung zu sorgen: Wer aufgeräumt und frei von Ballast in den Tag startet, hat mehr Kapazitäten für andere Dinge. So verhält es sich auch mit dem neuen Jahr. Die Jahresnacht bietet die Chance, zu reflektieren, sich zurückzubesinnen, sich umzuschauen und festzustellen, was für Sie und Ihr Leben wichtig ist, auf was Sie verzichten können oder gar, was überflüssiger Ballast ist.

Dann können Sie den Blick uneingeschränkt und offen nach vorne lenken und sind bereit für neue bereichernde Impulse. Diese erhalten Sie im Verharren, in der Ruhe und Dunkelheit der Tage, denn im Nichts, im Chaos, schlummern ungeahnte Möglichkeiten.

Schaffen Sie sich ein Ambiente, das Ihnen guttut. Nutzen Sie dazu Kerzen, Düfte, Räucherungen, Musik, Entspannungstechniken. Lassen Sie Ihren Gedanken und Gefühlen freien Lauf, besinnen Sie sich auf Ihre innersten Wünsche und Bedürfnisse. Gehen Sie raus in die Natur, lauschen Sie dem Wind und achten Sie darauf, was Sie wahrnehmen und empfinden. Achten Sie auf Zeichen oder vielleicht auch auf kleine Geschenke der Natur. Nehmen Sie einfach nur wahr und bewerten Sie nichts.

Indem Sie das Feld dem Unterbewusstsein, der emotionalen Wahrnehmung und der Seele überlassen, treten Sie in Kontakt mit den Kräften und Energien der Rauhnächte. Sie können neue Weisheiten und Erkenntnisse erlangen, der Zauber dieser Zeit kann Ihnen wichtige Impulse und neue Kraft schenken.

Je mehr Freiraum die Seele hat, umso deutlicher wird sie zu Ihnen sprechen. Sie werden empfänglicher und intuitiver, auch, was die Deutung von Wahrnehmungen, Zeichen und Eindrücken betrifft. Vielleicht nehmen Sie Naturgeister wahr, empfangen die Botschaft eines Tieres, vielleicht spüren Sie das Wilde Heer in den Naturgewalten umhertoben. Die Rauhnächte sind auch ideal, um gezielt in Kontakt mit Wesenheiten der Anderswelt zu treten. Das kann über ein Öffnen der seelischen, inneren Sinne geschehen, über Rituale oder im Traum.

Verschiedene Arten von Räucherwerk

Die Bedeutung der Rauhnächte für die seelische Entwicklung

Auch hier gilt wiederum: Was sich im Außen anwenden lässt, trifft auch auf Ihr Inneres zu, denn Sie sind, verbunden über das Unterbewusstsein und die Seele, Teil des Ganzen. Wie jede Rauhnacht zur Deutung eines Monats dienen kann, können Sie sich auf sich selbst konzentrieren, auf den Erneuerungsprozess, aus dem Sie mit und im neu erstrahlenden Licht aufsteigen.

Die erste Rauhnacht ist jene, in der alles verwurzelt ist. Hier wird das Fundament für die weitere Entwicklung gelegt. Das betrifft Ihre Herkunft, die Ahnen, die Vergangenheit, die Sie zu dem gemacht hat, was Sie sind. Damit sind Sie gerüstet und stellen nun die Weichen für den weiteren Weg, auf dem Sie alles mitnehmen, dem Sie sich verbunden fühlen, und alles hinter sich lassen, was Sie beeinträchtigt und belastet.

Die zweite Rauhnacht baut auf dem auf, was Sie aus der ersten mitnehmen. Aus Ihren Wurzeln beziehen Sie Ihre Kraft. Zu entscheiden ist, wo es hingehen soll. Was sagt Ihnen Ihre innere Stimme, was Ihre Träume, welche Zeichen und Botschaften erhalten Sie aus der Umgebung? Was sind Ihre persönlichen Wünsche? Was und wer kann Sie bei der Verwirklichung oder einfach nur auf Ihrem weiteren Weg unterstützen?

Sie selbst sind Ihr ständiger Begleiter. Das ist Thema der dritten Rauhnacht. Es geht um Ihre Emotionen, die Gefühlswelt und die Liebe zu sich selbst.

Wo empfinden Sie Einschränkungen, wo liegen diesbezüglich Ihre Stärken? Können Sie sich selbst verzeihen? Was erhellt Ihre Sinne, bringt Ihr Herz zum Leuchten? Es gilt, sich auf das Selbst zu besinnen und daraus gestärkt hervorzugehen, bereit, es mit dem aufzunehmen, was der neue Jahrestag bringt.

In der vierten Rauhnacht geht es um Ihr Verhältnis zum Außen, um Interaktionen und Menschen, die Ihr Leben begleiten. Können Sie auch diesen vergeben? Möchten Sie diese weiterhin mit durch Ihr Leben nehmen? Sind Freundschaften und Beziehungen eine Bereicherung für alle Beteiligten oder gibt es Klärungs- und Verbesserungsbedarf?

Möchten Sie sich von äußeren Einflüssen lösen, ist die fünfte Rauhnacht bestens dazu geeignet. Das kann Menschen betreffen, aber auch Lebensumstände oder Lebensbereiche. Vielleicht soll nur etwas in eine andere Richtung gelenkt werden, vielleicht wünschen Sie sich in irgendeiner Hinsicht, dass Ihre Bedürfnisse stärker berücksichtigt werden. Oder aber Ihnen wird klar, dass eine gegenseitige Verbundenheit und Stärkung nicht ausreichen, und Sie sich somit von etwas befreien möchten.

Die Chance zum Loslassen, zur Reinigung, bietet die sechste Rauhnacht. Lassen Sie Altes, Belastendes, Einschränkendes hinter sich. Werden Sie sich eventueller diesbezüglicher Zwiespälte bewusst - schließlich soll nach wie vor Ihre Seele zu Wort kommen, die nicht immer dieselben Bedürfnisse hat, wie das materiell orientierte und logisch denkende rationale Bewusstsein.

In der siebten Rauhnacht, nach der vorangegangenen Selbstbesinnung und dem Bewusstwerden, ist es an der Zeit, in die Zukunft zu schauen. Was wird Sie Ihnen bringen? Orakel und Rituale sind jetzt, da Sie wesentlich freier und offener sind, am energievollsten. Orakel können Ihnen Hinweise auf Zukünftiges geben, Rituale dienen aber auch dazu, Wünsche loszuwerden. Sie legen damit die Samenkörner in der Dunkelheit, im Schoß der dunklen Göttin, in Ihnen selbst, auf dass sie sich entfalten mögen.

Konzentrieren Sie sich in der achten Rauhnacht verstärkt auf seelische Belange, Ihre Gefühle, Ihre Wünsche. Erspüren Sie die Kraft und Stärke, die in Ihnen schlummert und sich entfalten möchte. Sie können dazu den Beistand der Götter oder Naturgeister, der Ahnen oder Ihres höheren Selbst erbitten, oder auch ein Reinigungsritual durchführen, um sich von hemmenden Energien zu befreien, diese in die Dunkelheit fließen zu lassen, damit Sie ungehemmt und offen für das Neue sind, das Sie in Ihr Leben eingeladen haben.

In der neunten Nacht ist Ihr inneres Licht bereits stärker geworden und Ihre Seele fühlt sich akzeptiert, angenommen und ernst genommen. Öffnen Sie sich bewusst für das Neue, dessen Saat gesät ist und in Ihnen heranwächst, um sich gleich der Geburt eines Kindes im Außen zu manifestieren.

Nichts bleibt ewig erhalten - mit der Geburt, dem Wachstum beginnt zugleich der Sterbeprozess, wie sich auch das Jahresrad im ständigen Zyklus des Seins bewegt.

Das Werden und Vergehen bedeutet Ausgleich, denn weder Licht noch Dunkelheit sollen einander gänzlich verdrängen. Vielmehr ergänzen sie sich, sind Teil des Ganzen, bedingen und brauchen sich gegenseitig: Ohne Dunkelheit wäre das Licht nicht erkennbar und ohne Licht die Dunkelheit nicht.

In der zehnten Rauhnacht geht es um die Freude auf das Wachstum unter gleichzeitiger Akzeptanz des natürlichen, universellen Gleichgewichts. Das betrifft auch Ihr Inneres. Gestatten Sie Ihrer Seele, dem Unbewussten, Sie im Bewusstsein zu begleiten.

Die elfte Rauhnacht ist der Tiefgründigkeit gewidmet, denn fortan ist Ihre Seele stärker in Ihr Leben integriert. Das kann zu gesteigerter Sensitivität, Intuition und Wahrnehmungsfähigkeit führen, aber auch zu mehr Ausgeglichenheit, Urvertrauen in sich selbst und in das Universum. Dies können Sie mit Meditationen, Räucherungen, Gaben an die Götter oder Naturgeister verstärken. Nehmen Sie alles besonders intensiv wahr, was in der elften Rauhnacht in Ihnen selbst und um Sie herum vorgeht.

Die zwölfte Rauhnacht bildet den Abschluss der Jahresnacht. Es ist an der Zeit, die gesamten Rauhnächte Revue passieren zu lassen, sie auf sich wirken zu lassen.

Gibt es noch etwas, das Sie rückblickend hätten anders machen, gestalten oder wünschen wollen? Noch immer können Sie Altes loslassen und Störendes oder Belastendes in der Jahresnacht zurücklassen. Sie sollen mit einem guten Gefühl aus den Rauhnächten hervorgehen, gestärkt, mit neuer Kraft und aus dem Quell der Dunkelheit bereichert. Heißen Sie den neuen Jahrestag und Ihren neuen Lebensabschnitt willkommen und blicken Sie freudig in die Zukunft.

Rituale und Räucherungen

Wie Sie die Rauhnächte begehen und erleben möchten, bleibt Ihnen selbst überlassen. Sie müssen sich damit wohl fühlen. Denken Sie sich kleine Rituale für sich selbst aus, orientieren Sie sich an solchen heidnischen Ursprungs oder lassen Sie sich durch entsprechende Literatur inspirieren. Möchten Sie sich der Essenz einer jeden Rauhnacht ganz hingeben, bleibt Ihnen auch hier überlassen, wie Sie das tun. Notizen, insbesondere zu Träumen, sind immer sinnvoll. Um etwas loszuwerden oder sich zu befreien, bietet es sich an, es auf Zettel zu schreiben, die in einer Räucherung oder über einer Kerze verbrannt werden. Auf die gleiche Weise entlassen Sie Wünsche und Vorsätze in die feinstoffliche Welt, um die Wirkung zu entfalten und zu manifestieren.

Es steht auch jedem frei, sich in den Rauhnächten verstärkt den Naturkräften zu widmen oder sich in den eigenen vier Wänden auf sich selbst zu besinnen. Es ist Ihre Seele, es sind Ihre Bedürfnisse und es ist Ihr Leben. Ebenso unterscheiden sich die Lebensauffassung und das Weltbild von Mensch zu Mensch. Ob Sie die Jungfrau Maria als Gottesmutter verehren, ob Sie sich eher Freya, Hel, Odin, einem beliebigen Sonnengott, Mutter Erde oder dem göttlichen Funken in sich selbst zugetan fühlen, spielt keine Rolle. Viele Traditionen, Kulturen und Glaubensauffassungen finden andere Namen, meinen aber dasselbe.

Räucherungen entfalten sich feinstofflich

Möchten Sie mit Räucherungen arbeiten, gilt an sich dasselbe: Verwenden Sie, was Ihnen guttut, womit Sie sich wohlfühlen oder was Sie als zweckerfüllend erachten. Zur Orientierung seien dennoch einige Räucherstoffe und ihre spezifischen Eigenschaften genannt, die sich ausgezeichnet für die hoch frequenten Rauhnächte und ihren besonderen Zauber eignen.

Salbei gilt als reinigend auf feinstofflicher Ebene, was den eigenen Energiehaushalt, Blockaden und Räumlichkeiten betrifft, die von störenden Schwingungen oder Wesenheiten befreit werden sollen.

Wacholder vertreibt ebenfalls negative Energien und Einflüsse, im alten Glauben auch Dämonen und Krankheitsgeister.

Kampfer soll energetische Rückstände eliminieren. Das können hängen gebliebene Informationen in Räumlichkeiten sein, aber auch Vergangenes, das noch Ihre Aura trübt.

Myrrhe und Weihrauch wirken klärend und energetisierend. Beides kann den geistigen Klarblick fördern, der Seele ins Gleichgewicht verhelfen und dabei unterstützen, klare Wünsche oder Ziele zu formulieren sowie zugleich in einen höheren Energielevel zu transformieren. Ebenso können Räume, Ritualia oder Gaben energetisiert werden.

Getrocknete Salbeistangen für Räucherwerk

Wacholder wird auch für Räucherwerk benutzt

Thymian verfügt ebenfalls über reinigende Eigenschaften, gleichermaßen bringt er Stärke und Stabilisierung mit. Er eignet sich zum Schutz von Räumlichkeiten, kann Energien stabilisieren und helfen, Impulse stärker zu fokussieren.

Myrte fördert innere Ruhe und Ausgeglichenheit, hilft dabei, das seelische Gleichgewicht zu finden, und kann auch für Entscheidungsfindungen förderlich sein.

Angelikawurzel verbreitet eine klare Schwingung und wirkt ätherisch erhellend. Haben Sie das Gefühl, im Trüben zu fischen, kann eine Räucherung bei der Klarwerdung, dem Sortieren von Gefühlen und Gedanken, unterstützen. Ein dumpfes, diffuses oder beklemmendes Gefühl in Räumlichkeiten kann durch eine Reinigungsräucherung, mit Arnika angereichert und energetisch geklärt werden.

Styrax verbreitet eine warme Note, schafft ein Ambiente von Geborgenheit und öffnet harmonischen Energien das Tor in Räume oder öffnet Sie selbst.

Grundsätzlich helfen Rituale und Räucherungen dabei, mit dem Unterbewusstsein, der Seele, dem Feinstofflichen und jenseitigen Wesenheiten in Kontakt zu treten. Sie helfen bei der Überwindung der Barriere durch das Bewusstsein, können die Sinne öffnen und bestimmte Stimmungen, räumliche Atmosphären oder energetische Zustände schaffen.

In den Rauhnächten sind sie besonders kraftvoll, denn die feinstoffliche Ebene ist näher und die Wesenheiten der Anderswelt besser erreichbar. Beides kann auch besser zu Ihnen durchdringen, wenn Sie es nur zulassen, sich auf die Dunkelheit, die Stille und Magie einlassen und Ihrer Seele erlauben, die Führung zu übernehmen.

Ein Tipp zum Abschluss: Machen Sie sich zu jeder Rauhnacht Notizen. Das können Ihre Gedanken, Gefühle, Wahrnehmungen, Eindrücke, Erlebnisse und Träume sein. Haben Sie sich von Altem verabschiedet oder sich vorgenommen, Ballast abzuwerfen, gehört auch das dazu - ebenso wie Wünsche, Vorsätze und Ziele. Die Rauhnächte bilden den Abschluss des vergangenen und die Basis des kommenden Jahres. Anhand Ihrer Notizen können Sie sich in jedem Monat auf die zugehörige Rauhnacht zurückbesinnen und deren Essenz mit ins Hier und Jetzt nehmen. Das kann es ungemein erleichtern, zu verstehen, was aktuell um Sie herum geschieht, und inwieweit es Ihre Aufgabe ist, daran zu wachsen, oder einfach das Ihnen begegnende Glück als Frucht Ihrer Bemühungen anzunehmen.

Impressionen zu den Rauhnächten

Altes Haus unter Sturmwolken

Raureif

Vollmond über Wald und Schnee

Vollmond über Wald und See

Literatur (Auswahl)

- Manfred Becker-Huberti: Lexikon der Feste und Bräuche; Herder Verlag, Sonderausgabe 2007.
- Hellmut Rosenfeld: ‚Bauernprakik'. In: Burghart Wachinger u. a. (Hrsg.): Die deutsche Literatur des Mittelalters. Verfasserlexikon. 2., völlig neubearbeitete Auflage, Band 1: ‚A solis ortus cardine' – Colmarer Dominikanerchronist. De Gruyter, Berlin.
- Kluge. Etymologisches Wörterbuch der deutschen Sprache, bearb. von Elmar Seebold. 25. Aufl. Berlin 2011.
- Sebastian Franck, Weltbuech: Spiegel vnd bildtniß des gantzen erdbodens … Tübingen 1534, zit. nach Hans Dünninger, Horst Schopf: Bräuche und Feste im fränkischen Jahreslauf. Kulmbach 1971.
- Rudolf Kleinpaul: Die Lebendigen und die Toten. In Volksglauben, Religion und Sage. G. J. Göschensche Verlagshandlung, Berlin/Leipzig 1898.
- Gregor Rohmann: Tanzwut. Kosmos, Kirche und Mensch in der Bedeutungsgeschichte eines mittelalterlichen Krankheitskonzeptes. Vandenhoeck & Ruprecht, Göttingen 2013.
- Jakob Grimm: Deutsche Mythologie, Dieterich, Göttingen 1835.
- Hans Förster: Die Feier der Geburt Christi in der Alten Kirche. Beiträge zur Erforschung der Anfänge des Epiphanie- und Weihnachtsfests. Mohr Siebeck, Tübingen 2000.
- Werner Weissmann: Sonne, Gral, Dämonen. Bedeutende abendländische Symbole in Mythos, Religion und Kunst. WUV Universitätsverlag, Wien 2003.

- Andreas Nordberg: Jul, disting och förkyrklig tideräkning. Kalendrar och kalendarisk riter i det förkristna Norden. Uppsala 2006.
- Anders Hultgård: Jul. In: Heinrich Beck (Hrsg.): Reallexikon der Germanischen Altertumskunde. Band 16, de Gruyter, Berlin 2000.
- Walter Puchner: Die Folklore Südosteuropas: Eine komparative Übersicht. Böhlau Verlag Wien, 2016.
- Carlo Ginzburg; Raymond Rosenthal: Ecstasies: deciphering the witches' Sabbath. University of Chicago Press, Chicago 2004.
- Die wilde Jagd in den Ardennen. In: Johann Wilhelm Wolf (Hrsg.): Niederländische Sagen. Nr. 173. Brockhaus, Leipzig 1843.
- Jacob Grimm: Deutsche Mythologie. Wiesbaden 2014.

Zur Autorin

Dr. Angela Raab geb. Fetzner, geboren in Bad Kissingen, ebenda auch aufgewachsen.

Studium der Pharmazie in Würzburg, anschließend Approbation zur Apothekerin. Aufbaustudium der Pharmaziegeschichte in Marburg, Abschluss als Pharmaziehistorikerin.

Dort auch Promotion zum Dr. rer. nat.

Seit 1996 bis dato Arbeit in öffentlichen Apotheken und Krankenhausapotheken in ganz Deutschland sowie der Schweiz. Daneben Seminartätigkeit im In- und Ausland.

Von 2012-2021 Veröffentlichung von mehr als 50 Ratgebern und Fachbüchern v. a. zu verschiedenen Gesundheitsthemen, die Hundertausende von Lesern begeistern.

Ein herzliches Dankeschön

- an dieser Stelle an alle werten Leserinnen und Lesern. Lob, Kritik oder Anregungen können Sie mir gerne auf meiner Facebook-Seite
https://www.facebook.com/AngelaFetzner
oder auf meiner Autorenhomepage mitteilen:
https://www.angela-fetzner.de

Bücher von Dr. Angela Fetzner

Auf meiner Homepage finden Sie nicht nur alle meine Bücher, Hörbücher und E-Books. Darüber hinaus möchte ich meinen Leserinnen und Lesern auch einen besonderen Service bieten. So stelle ich auf meiner Homepage regelmäßig Onlinelesungen von mir ein, weiter schreibe ich Blogartikel zu verschiedenen Themen sowie Rezensionen zu diversen Büchern.
Hier können Sie sich auch für meinen Newsletter anmelden, um regelmäßig Informationen über neue Bücher, Preisaktionen, Verlosungen und Gesundheitstipps zu erhalten.
Außerdem finden Sie meine E-Books in allen führenden Online Shops und die Druckbücher im Versand- und Standardbuchhandel.
Sie finden mich auch in den sozialen Netzwerken:
Facebook, Twitter, Instagram und Youtube.

https://angela-fetzner.de/___/

Leseprobe: Schamanische Reisen zum Krafttier

„Höre mir zu. Schamanismus ist keine Religion. Denn es gibt keine Dogmen und keine Hierarchien. Es ist eine rein persönliche Erfahrung, sozusagen ein Pfad oder ein Weg, der zu gehen ist. Durch die Reise der Trommel kannst du die untere Welt besuchen, unter unseren Füßen, in der Menschen und Tiere als Geistwesen leben." **(Ailo Gaup, Schamane aus dem Volk der Sami)**

Prolog

In diesem Buch werden die jahrtausendealten Heiltechniken des Schamanismus verständlich und spannend dargestellt. Ziel des Buchs ist es, dem Leser einen Überblick über die komplexen und vielseitigen Bereiche des Schamanismus zu geben.

Insbesondere soll der Leser ermutigt werden, mittels schamanischer Reisen Kontakt mit seinem Krafttier aufzunehmen.

Krafttiere - Spirituelle Begleiter und Führer

Krafttiere sind spirituelle Wegbegleiter und Seelengefährten. Das jeweilige Krafttier hat eine persönliche Beziehung zum Menschen - Die Verbindung mit seinem Krafttier gibt dem Menschen Lebenskraft, Energie, Sinn und Tiefe. Es hilft dem Menschen dabei, seine wahre Bestimmung zu finden, es fördert die Entwicklung des Menschen und warnt vor Gefahren. Krafttiere schützen den Menschen, halten ihn gesund und können ihn sogar heilen. Das Krafttier kann jederzeit gerufen werden, wenn Hilfe benötigt wird. Je mehr man sich mit seinem Krafttier beschäftigt, desto intensiver wird die Verbindung. Manche Krafttiere bleiben ein Leben lang bei ihrem Schützling.

Wie findet man sein Krafttier?

In diesem Buch wird erklärt, wie man sein Krafttier findet und ehrt. Weiter wird dargelegt, wie die Beziehung zum persönlichen Krafttier gefestigt wird und wie man durch sein Krafttier Heilung und Stärkung erfahren kann. Auch wie es zum Verlust des Krafttieres kommen kann und wie dies verhindert werden kann, wird erklärt.

Die wichtigsten Krafttiere

Die wichtigsten Krafttiere, ihre Bedeutung und ihre Botschaft für den Menschen werden ausführlich erörtert. Dabei geht es auch darum, zu erkennen, welche positiven Eigenschaften der Tiere auf den Menschen übertragen werden können.

Die schamanische Reise zum Krafttier

Unter einer Krafttierreise wird eine gezielt herbeigeführte Begegnung mit dem Krafttier verstanden – hierbei gibt es vielfältige Möglichkeiten der Krafttierreisen, die präzise und nachvollziehbar erklärt werden.

Neben dem Medizinrad bietet sich bspw. eine Krafttierreise durch die Chakren an. Krafttierreisen führen den Menschen in eine andere Bewusstseinsebene. – Der Alltag verblasst, tritt in den Hintergrund und spielt keine Rolle mehr. Idealerweise tritt eine Trance oder auch ein Trance ähnlicher Zustand ein. – Der veränderte Bewusstseinszustand kann etwa durch Trommel und Rassel, aber auch durch Tanz, bestimmte Atemtechniken sowie monotone Geräusche und Melodien hergestellt werden. Auch die Räumlichkeiten, ausgewählte Lichtverhältnisse und Räucherungen können ein meditatives Ambiente schaffen.

Die verlorene Seele wiederfinden

Ein sehr wichtiger Bestandteil schamanischer Reisen, oft sogar der Schwerpunkt, ist das Finden und Zurückbringen von Seelenanteilen. Im Schamanismus geht man davon aus, dass Menschen im Laufe ihres Lebens durch verschiedene Traumata und Schicksalsschläge Anteile ihrer Seele verlieren, beziehungsweise diese abspalten, damit der Rest unserer Seele überleben kann.

Diese verlorenen Seelenanteile hinterlassen beim Menschen eine Lücke und eine Art innerer Leere. Durch schamanische Reisen in die feinstoffliche Existenzebene - in der die Seele beheimatet ist - können verlustige Seelenanteile aufgespürt und befreit werden, sodass diese zu Ihnen zurückkehren können und sich Ihr Wesen wieder vervollständigen kann.

Die schamanistische Weltsicht

Das Buch liefert alle wichtigen Informationen über den Schamanismus und seine praktische Anwendung. Die Aufteilung des schamanischen Kosmos in obere, mittlere und untere Welt wird erklärt, ferner erfährt der Leser alles über schamanische Reisen. Im Zusammenhang mit der Rolle der Krafttiere interessiert insbesondere auch die Rolle des Herrn der Tiere, ferner die Unterschiede zwischen Hilfs- und Schutzgeistern sowie Totemtieren. Auch die Grundzüge des Neoschamanismus werden dargelegt.

Der Werdegang des Schamanen

Schamanen sind Mittler zwischen den verschiedenen Welten. Sie haben eine besondere spirituelle Kraft und können willentlich einen veränderten Bewusstseinszustand erreichen - in Trance werden Schamanen meist durch den Schlag der Trommel versetzt.

Schamanische Reisen gehören innerhalb des Schamanismus zur Basis der energischen Heil- und Entwicklungsarbeit. So bieten schamanische Reisen zum Krafttier dem Menschen eine faszinierende Möglichkeit, sich wieder mit den eigenen Kräften zu verbinden und zu seinem wahren Selbst zurückzukommen.

Ich lade Sie ein, mich auf die spannende und inspirierende Reise in die Welt der Krafttiere und des Schamanismus zu begleiten.

Was ist Schamanismus?

Schamanismus ist keine Religion und kein Glaube, sondern eine Form der Weltanschauung: Ein Schamane lebt in dem Bewusstsein, dass sich die Existenz nicht auf die materielle Welt beschränkt. Neben ihr erkennt er eine feinstoffliche Welt an, das Jenseits, die Anderswelt oder die Astralwelt. Er kennt verschiedene Existenzebenen und ist in der Lage, eine Verbindung zu diesen herzustellen. Die gesamte Natur ist für den Schamanen von Leben durchzogen: vom Sichtbaren, aber auch vom Verborgenen, nicht mit den üblichen Sinnen Wahrnehmbarem.

Menschen und andere Lebewesen werden im Schamanismus nicht getrennt von der Natur und den schöpferischen, universellen Kräften wahrgenommen, sondern als Teil des Ganzen.

Die Existenz vieler nicht sichtbarer Energien und Kräfte ist wissenschaftlich belegt. In der Physik ist bekannt und nachgewiesen, dass Töne Schwingungen erzeugen. Sonnenstrahlen wiederum lassen sich in nutzbare Heizenergie oder Strom umwandeln. Um einen Gegenstand in Bewegung zu versetzen, ist ein entsprechender Kraftaufwand erforderlich. Die Pole eines Magneten ziehen sich an oder stoßen sich ab. Wo Naturkräfte wirken, entstehen Wind und Wellen. Wird ein Stein ins Wasser geworfen, zeigt sich der energetische Vorgang in Form von konzentrischen, nach außen strebenden Kreisen.

Ebenso sind Begrifflichkeiten wie Mikrokosmos und Makrokosmos geläufig: Ein Atom ist analog einem Sonnensystem aufgebaut.

Es sind folglich zahlreiche unsichtbar wirkende Kräfte bekannt, die nichtsdestotrotz erforscht und wissenschaftlich anerkannt sind.

Was dagegen weniger Berücksichtigung und im Gedankengut der Wissenschaft kaum Anerkennung findet, sind Seele und Geist. Lediglich Randgebiete der Medizin und Psychologie befassen sich damit, messen Gehirnströme und finden Erklärungsmuster für emotionale Zustände. Das Wissen um ein höheres Selbst und weitere Realitäten neben der materiellen Welt bleibt dagegen der Mythologie und Esoterik vorbehalten.

„Träume sind Schäume" heißt es gerne im Volksmund. Im Schamanismus wird diesen mehr Bedeutung zugemessen: In Träumen offenbaren sich das Unterbewusstsein, die Seele und Sphären jenseits der materiellen Welt um uns herum.

Erweiterung des Bewusstseins, Integration des Unbewussten

Sie nehmen im Wachzustand die Welt um sich herum mit Ihren fünf Sinnen wahr und erleben eine andere Welt im Traum. Im Schlaf zieht sich Ihr Bewusstsein zurück und überlässt dem Unterbewusstsein die Führung. Ähnliches streben verschiedene Meditationstechniken an. In der Esoterik gibt es Praktiken wie das Pendeln oder Karten legen, um über das Unterbewusstsein mit dem in Kontakt zu treten oder zu kommunizieren, was dem Bewusstsein verborgen ist. In esoterischen Kreisen ist außerdem gelegentlich von Geistführern die Rede. Sie können als Wesenheiten außerhalb des Menschen interpretiert werden, aber auch als dessen höheres Selbst und somit seinen innersten Wesenskern.

Eine Erweiterung des Bewusstseins bedeutet nicht, sogenannte bewusstseinserweiternde Substanzen einzunehmen. Vielmehr ist es die Bereitschaft eines bewussten Seins. Das umfasst die Akzeptanz des Unbewussten im Menschen, in Ihnen selbst. Es umfasst auch die Anerkennung dessen, dass Sie Teil der Natur und der Naturkräfte sind - oder anders formuliert, dass die Kräfte, die in der Natur wirken, auch in Ihnen vorhanden sind. Dies zu bejahen, ist überhaupt die Voraussetzung einer Bewusstseinserweiterung im Sinne des Schamanismus.

Die Beschränkung des Bewusstseins ist es, die ein Gefühl der Unvollständigkeit hervorruft und das Streben nach Erkenntnis auslöst. Die eingeschränkte menschliche Wahrnehmung ist das, was in der Bibel als Fall aus dem Paradies, als Entfremdung oder Entfernung von der Einheit, dem großen Ganzen, dargestellt wird. Die Abgrenzung des Menschen von der Natur und anderen Lebewesen isoliert ihn, was eine tiefe Sehnsucht und eine Art Heimweh auslösen kann: Es ist der Wunsch, zu sich selbst und seiner Heimat zurückzufinden.

Schamanen möchten sich in Harmonie und Einklang mit sich selbst, dem Leben, der Natur und dem Universum befinden. Das bezieht sich neben der materiellen Welt auf die der wirkenden Kräfte und Energien, der auch die Seele angehört. Ein Schamane erweitert sein bewusstes Sein auf das, was den üblichen fünf Sinnen verborgen ist, integriert dies in sein Bewusstsein. Dazu zählen andere Realitäten neben der materiellen, sowie den Wesen, die in ihnen beheimatet sind.

Streben nach Erkenntnis und Sinnhaftigkeit

Adam und Eva in der Bibel, aus dem Paradies vertrieben. - Diese religiöse Interpretation basiert auf alten kulturellen und mythologischen Überlieferungen: Der Mensch ist in seinem Bewusstsein aus dem Ganzen ausgetreten.

Für ihn ist Realität, was er mit den Augen sehen, mit den Fingern ertasten und mit den Ohren hören kann.

Es ist aber erwiesen, dass weit mehr existiert als das, was wir hören und sehen:

- Das Farbspektrum des Regenbogens reicht weiter, als es für das menschliche Auge sichtbar ist.
- Es existieren Töne, die das menschliche Ohr nicht hören kann.
- Die innerhalb eines Atoms und auch im Universum wirkenden Kräfte sind den fünf Sinnen des Menschen verborgen.

So gibt es tatsächlich viel mehr, als es die beschränkte menschliche Wahrnehmung erfassen kann. Dies erkennt der Schamanismus an - innerhalb der Natur, aber auch auf den Menschen bezogen.

In Religionen und vielen alten Kulturen sind Götter ein Sinnbild für die Existenz dessen, was sich außerhalb der materiellen Welt und der fünf Sinne des Menschen befindet. Sie stehen für Vollkommenheit oder sind Symbol für die verborgenen Naturkräfte. Da diese auch in jedem Lebewesen wirken und somit Teil des menschlichen Naturells sind, verkörpern diese Götter ebenso Aspekte des Menschen sowie dessen Streben nach Vollkommenheit und Erkenntnis.

Dies findet sich häufig in der Suche nach Sinnhaftigkeit, dem Wunsch, den Sinn des Lebens zu ergründen und zu verstehen. Das funktioniert jedoch nicht, wenn sich ein Mensch mit seinem Körper identifiziert - Seele und Geist dabei aber außen vor bleiben.

Zahlreiche Traditionen und Techniken, beispielsweise im Yoga, streben an, Körper, Seele und Geist in Einklang zu bringen. Auch im Schamanismus finden diese nicht materiellen Wesensteile des Menschen Anerkennung - genauso, wie die wirkenden Kräfte in der Natur. Mehr noch, Mensch und Natur werden nicht getrennt voneinander betrachtet.

Der Natur hat sich der moderne Mensch allerdings entfremdet. Das Leben findet überwiegend zwischen Betonbauten statt und wird von immer neuen Technologien bestimmt. Der Fokus liegt somit auf völlig anderen Dingen. Allenfalls ein Spaziergang am Wochenende oder ein Aufenthalt im Garten bringt einige Menschen überhaupt noch mit der Natur in Kontakt. Dabei haben viele verlernt, die Natur als das, was sie ist, zu erleben: Sie zu erfassen bedeutet, sich nicht nur auf seine fünf Sinne zu verlassen, sondern zu fühlen, die überall wirkenden Energien wahrzunehmen und in Einklang mit den Naturgesetzen, den Urkräften, zu leben.

Sie können sich das so vorstellen: Was Sie in der Natur sehen, ist das Ergebnis dessen, was die Ihrem Auge verborgenen Kräfte gewirkt haben. Sie sehen einen Baum, aber nicht die Lebenskraft, die in ihm fließt. Sie können seine Rinde und Blätter mit den Fingern ertasten, nicht aber die lebendige Energie, die darin fließt. Sie sehen ein Samenkorn, aber nicht, welche Pflanzenpracht sich darin verbirgt. So sehen Sie auch in den Spiegel und betrachten Ihr Äußeres, sehen aber nicht Ihren Charakter, Ihre Gefühle und Ihre Gedanken.

Erkenntnis bedeutet, die Natur und sich selbst zu erfassen, sowie, die wirkenden Kräfte nicht nur anzuerkennen, sondern im Innersten zu erleben: Energien, die in der Welt um Sie herum vorhanden sind, schwingen auch in Ihnen.

Schamanismus als Weltanschauung und Lebensauffassung

Beim Schamanismus handelt es sich weniger um einen esoterischen Zweig, sondern um eine Weltanschauung und Lebensauffassung. Schamanen sind bei vielen Naturvölkern anzutreffen. Sie sind die Weisen, die Heiler, jene, die Kontakt zu den Ahnen, den Geistern und anderen Wesenheiten herstellen können.

In der **nordischen Mythologie** ist es *Odin*, der kopfüber am *Weltenbaum* hing und Erkenntnis über die neun Sphären des Seins erhielt. Kopfüber bedeutet, zuzulassen, dass das bisherige Weltbild gekippt wird. Er führt das Heer der Toten an. Er befehligt sie, denn er ist der Schamane, der Kontakt zum Jenseits und den Verstorbenen herstellen kann. Bei den Schamanen der Naturvölker werden als Pendant zu gewissen Zwecken die Ahnen angerufen.

Wie Sie sehen, gab es den Schamanismus bereits in alten Kulturen - sie lebten ebenso wie einige Naturvölker noch heute nach schamanischer Weltanschauung. Diese beschränkt das Leben nicht auf das Diesseits, sondern umfasst wesentlich mehr als die materielle Welt um Sie herum.

Man geht davon aus, dass der Begriff Schamane sich von dem Wort *saman* aus der Sprache der sibirischen Tungusen ableitet. Damit ist gewöhnlich ein männlicher Praktizierender gemeint, die entsprechende weibliche Form wäre *shamanka*. Trotz der unterschiedlichen Details innerhalb der einzelnen Regionen und Kulturen gibt es bezüglich der Weltsicht eines Schamanen doch eine Art roter Faden. Grob unterschieden wird zwischen dem Sakralen und dem Profanen, das bedeutet, es gibt einerseits die Welt der Menschen - ihr gegenübergestellt ist die Welt der Geister und der Ahnen. Wie in animistischen Glaubenssystemen üblich, gilt die Erde als grundsätzlich beseelt, mit all ihren lebenden und toten Elementen. So haben auch Steine und Bäume eine Seele.

Im Tod wird nicht das Ende gesehen, es handelt sich vielmehr um einen Übergang in eine andere Welt. Die Seele an sich gilt als unsterblich, weshalb der Ahnenverehrung in schamanischen Kulturen eine besondere Rolle zukommt. Sowohl auf der profanen als auch auf der sakralen Ebene existieren Wesen ohne Körper, die zwischen den Ebenen hin- und herreisen und entsprechend Macht ausüben können.

Der gesamte Kosmos wurde einst durch eine oder mehrere höchste Wesenheiten geformt und von ihr, beziehungsweise ihnen, kontrolliert. Damit all diese Ebenen reibungslos funktionieren, besteht das ordnende Prinzip in der Harmonie der Dinge und Wesenheiten.

Wird gegen eine der kosmischen Regeln verstoßen, drohen Hunger, Krankheit, Unwetter oder Katastrophen. Die Verletzung der Regeln bedarf einer Heilung, damit die ursprüngliche Ordnung wiederhergestellt werden kann.

Der schamanische Kosmos kennt insgesamt drei Welten und ist vertikal strukturiert. Es gibt die obere, die mittlere und die untere Welt, wobei diese Begriffe im Gegensatz zur christlichen Vorstellung von Himmel, Hölle und irdischem Dasein völlig wertneutral verwendet werden. Die mittle- re Welt ist der Lebensraum von Menschen, Tieren und Pflanzen. Während die Oberwelt den Göttern und höheren Geisterwesen vorbehalten ist, gilt die Unterwelt als das Reich der Toten, Schatten und bösen Geister. Gesellschaftlich ist diese wie die Welt der Menschen strukturiert. Die Grenzen zwischen diesen einzelnen Lebensräumen sind nicht fix, sondern durchlässig.

Bei den Völkern Sibiriens glaubt man, dass die Menschen in alter Zeit fähig waren, zwischen die- sen Welten zu reisen. Da die Reise zu den Geistern jedoch nicht nur anstrengend ist, sondern auch gewisse Verständigungsprobleme birgt, wurde es üblich, nur noch speziell geschulte Personen in Gestalt der Schamanen diesen Weg antreten zu lassen.

Andere Kulturen kennen bestimmte Daten, an denen die Grenzen zwischen den Welten durch- lässig sind, sodass dann Kontakte zu den geistigen Wesen möglich sind.

Bei den Kelten war dieser Tag *Samhain*, die letzte Nacht des alten Jahres, die am 31. Oktober begangen wurde und heute unter dem Namen Halloween eine Neuinterpretation erfährt.

Häufig tritt auch das Konzept des Weltenbaumes in der schamanischen Kosmologie auf. Stilisiert als Pfeil, findet er sich oft auf den charakteristischen Schamanentrommeln, die zur Geisterbeschwörung und für Reisen in parallele Welten genutzt werden. Da es sich bei vielen Völkern, die der schamanistischen Glaubensvorstellung anhängen, traditionell um nomadisierende Hirten handelt, spielen hier auch Tiere eine Rolle. So gibt es in Sibirien die Idee eines Rentiers, das mit seinem Geweih - anstelle des Baumes - den Himmel stützt.

Tunguse: Zusammenfassende Bezeichnung für Völker, Ethnien und Bevölkerungsgruppen, bei deren Vorfahren Tungusische Sprachen in Gebrauch waren und sind. Die meisten Angehörigen Tungusischer Völker leben in China, weiter in Sibirien und in der Mongolei.

Animismus: Glaube an die Allbeseeltheit der Natur.

Weltenbaum: Der Weltenbaum - auch Lebensbaum genannt - gehört zur Mythologie vieler Völker und ist ein altes Symbol der kosmischen Ordnung. Er steht als Weltachse im Zentrum der Welt. Der Weltenbaum verbindet die drei Ebenen Himmel, Erde und Unterwelt.

Odin: Odin (auch Wodan) ist der Hauptgott der nordischen Mythologie. Fungiert als Göttervater, Kriegs- und Totengott, aber auch als Gott der Dichtung und der Runen, der Magie und der Ekstase. Trägt deutlich schamanische Züge.

Das beseelte Leben der energetischen Ebene

Der keltisch-mythologische Schamane *Odin* wird von seinen zwei Raben *Hugin* und *Munin* begleitet, die unter anderem für ihn ausfliegen und ihm Kunde über ferne Ereignisse bringen. *Hugin* bedeutet übersetzt *„Gedanke"* oder *„Sinn"* und *Munin „Erinnerung"*. Weitere Begleiter *Odins* sind die Wölfe *Geri* (der Gierige) und *Freki* (der Gefräßige) sowie der achtbeinige Hengst *Sleipnir* (der Dahingleitende).

Diese Tiere, als *Odins* Begleiter und treue Gefährten dargestellt, werden im Schamanismus als Krafttiere bezeichnet. Sie verkörpern bestimmte Wesenszüge und Eigenschaften, können verschiedene Aufgaben für den Schamanen erfüllen, ihm Botschaften überbringen, ihm beratend zur Seite stehen, beim Kontakt zu anderen Wesenheiten unterstützen und auch eine Schutzfunktion ausüben.

Odin: Odin (auch Wodan) ist der Hauptgott der nordischen Mythologie. Fungiert als Göttervater, Kriegs- und Totengott, aber auch als Gott der Dichtung und der Runen, der Magie und der Ekstase. Trägt deutlich schamanische Züge.

Ende der Leseprobe

Geheimes Wissen über Wicca

Wicca ist eine moderne Form des Hexentums, das auf alten Überlieferungen, Praktiken und Weisheiten beruht. Als spirituelle Bewegung bringt Wicca altes, geheimes Wissen in die moderne Neuzeit.

Spiritualität und Naturverbundenheit

Wicca basiert auf einer Verbundenheit mit der Natur, Spiritualismus und der Wahrung des Gleichgewichts zwischen Leben und Natur. Deshalb geht es in der Wicca-Magie darum, im Einklang mit der Natur zu leben und zu agieren. Die spirituelle Entwicklung ist essenziell, weiter die Erlangung von Weisheit und Selbst(-erkenntnis) sowie die Annäherung an das Göttliche. Die Magie wird in Eigenverantwortung praktiziert, ein bewusstes Leben im Denken und Handeln ist die Voraussetzung für den Weg zu höherer Erkenntnis.

Inhalt

- Was ist Wicca?
- Geschichtliche und philosophische Hintergründe
- Der Alte Pfad
- Weiße Magie
- Rituale in der Wicca Magie
- Book of Shadows
- Magische Geheimschriften und Hexenalphabete
- Der Magische Kreis
- Runen
- Tarot
- Pflanzen- und Kräuterkunde
- Wicca-Feste
- Initation und Weihe
- Geheimes Wissen
- Reise ins Innere
- Das Erlernen der Hexenkunst
- Meditation und Energiearbeit

Das Buch enthält zahlreiche Farbfotos und Abbildungen.

In diesem Buch werden die jahrtausendealten Heiltechniken des Schamanismus verständlich und spannend dargestellt. Ziel des Buches ist es, dem Leser einen Überblick über die komplexen und vielseitigen Bereiche des Schamanismus zu geben. Insbesondere soll der Leser ermutigt werden, Kontakt mit seinem Krafttier aufzunehmen

Wie findet man sein Krafttier?

In diesem Buch wird erklärt, wie man sein Krafttier findet und ehrt. Weiter wird dargelegt, wie die Beziehung zum persönlichen Krafttier gefestigt wird und wie man durch sein Krafttier Heilung und Stärkung erfahren kann. Auch wie es zum Verlust des Krafttieres kommen kann und wie dies verhindert werden kann, wird erklärt.

Die wichtigsten Krafttiere

Die wichtigsten Krafttiere, ihre Bedeutung und ihre Botschaft für den Menschen werden ausführlich erörtert. Dabei geht es auch darum, zu erkennen, welche positiven Eigenschaften der Tiere auf den Menschen übertragen werden können.

Die schamanistische Weltsicht

Das Buch liefert alle wichtigen Informationen über den Schamanismus und seine praktische Anwendung. Die Aufteilung des schamanischen Kosmos in obere, mittlere und untere Welt wird erklärt, ferner erfährt der Leser alles über schamanische Reisen.

Dr. Angela Fetzner

Krafttiere & Schamanismus

Die verlorene Seele wiederfinden

Krafttiere als Spiegelbilder der menschlichen Seele

Krafttiere helfen Ihnen, Verborgenes bewusst zu machen, Blockaden zu erkennen und überflüssigen Ballast hinter sich zu lassen. Im Spiegel des Tieres erkennen Sie sich und Ihre Seele.

Krafttiere – Spirituelle Begleiter und Führer

Krafttiere sind spirituelle Wegbegleiter und Seelengefährten. Die Verbindung mit seinem Krafttier gibt dem Menschen Lebenskraft, Energie, Sinn und Tiefe. Krafttiere schützen den Menschen, halten ihn gesund und können ihn sogar heilen.

Einführung in die Spiegelmagie und Spiegelgesetze

In alten Kulturen galten Spiegel als Tor in andere Dimensionen und als solche werden sie heute noch in der Magie genutzt. Sie öffnen ein Fenster in andere Daseinsebenen. Spiegel können Bilder der Gegenwart, der Vergangenheit und der Zukunft zeigen.

Blick in die Seele

Möchten Sie den Spiegel gezielt einsetzen, um mit Ihrem Krafttier in Kontakt zu treten, fokussieren Sie den Wunsch mit dem Blick in den Spiegel, damit sich Ihr Krafttier zeigen möge.

Die verlorene Seele wiederfinden

Ein sehr wichtiger Bestandteil schamanischer Reisen ist das Finden und Zurückbringen von Seelenanteilen. Im Schamanismus geht man davon aus, dass Menschen im Laufe ihres Lebens durch verschiedene Traumata und Schicksalsschläge Anteile ihrer Seele verlieren, bzw. diese abspalten, damit der Rest unserer Seele überleben kann. Diese verlorenen Seelenanteile hinterlassen beim Menschen eine Lücke und eine Art innerer Leere. Durch schamanische Reisen in die feinstoffliche Existenzebene – in der die Seele beheimatet ist – können verlustige Seelenanteile aufgespürt und befreit werden, sodass diese zu Ihnen zurückkehren und sich Ihr Wesen wieder vervollständigen kann.

Heilen Sie, was Sie im Hier und Jetzt beeinträchtigt, stellen Sie die Weichen Ihrer eigenen Zukunft neu.
Das Buch ist komplett in Farbe gedruckt und hat einen Umfang von 368 Taschenbuchseiten und enthält zahlreiche Abbildungen und Fotos.

Ich lade Sie ein, mich auf die spannende und inspirierende Reise in die Welt der Krafttiere und des Schamanismus zu begleiten.

Dr. Angela Fetzner

Krafttiere als Spiegel der menschlichen Seele

Wegbegleiter am Wendepunkt des Lebens